CHIARA LUBICH

BIS WIR ALLE EINS SEIN WERDEN

CHIARA LUBICH

Bis wir alle eins sein werden

Meditationen

VERLAG NEUE STADT
MÜNCHEN · ZÜRICH · WIEN

Titel der italienischen Originalausgabe: *Meditazioni*
© 1959 Città Nuova Editrice, Rom
Übersetzung: H. Heilkenbrinker

CIP-Titelaufnahme der Deutschen Bibliothek

Lubich, Chiara:

Bis wir alle eins sein werden: Meditationen /
Chiara Lubich. [Übers. H. Heilkenbrinker]. –
14. Aufl. – München ; Zürich ; Wien :
Verl. Neue Stadt, 1990
(Hilfen zum christlichen Leben)
Einheitssacht.: Meditazioni ‹dt.›
ISBN 3-87996-086-0

1990, 14. Auflage
© Alle Rechte der deutschsprachigen Ausgabe
bei Verlag Neue Stadt GmbH, München 83
Umschlaggraphik: Dietlinde Assmus
Gesamtherstellung:
MZ-Verlagsdruckerei GmbH, Memmingen
ISBN 3-87996-086-0

VORWORT

„Bis wir alle eins sein werden", das jetzt in der 14. Auflage vorliegt, ist vielen unserer Leser ein treuer Begleiter geworden, den sie nicht mehr missen wollen, eine Quelle, aus der sie Klarheit und Mut schöpfen.

Diese Betrachtungen sind nicht erdacht. Sie sind aus dem Leben, aus einem wahrhaft neuen und überaus schönen Leben in der Einheit herausgewachsen.

Sie möchten nicht nur überdacht werden, nicht nur zur Besinnung anregen. Wem diese Seiten helfen, Gott zu lieben, sein Herz weitzumachen, um in jedem Bruder Christus zu begegnen, wer erfährt, was für ein Glück es bedeuten kann, wenn zwei oder drei im Namen Jesu zusammen sind und Er in ihrer Mitte ist, und vor allem, wer den Schlüssel zu beständiger Freude, den Quellgrund der Einheit gefunden hat: den „Verlassenen Jesus", die Liebe zum Kreuz, dem werden diese Seiten kostbar, er findet hier Worte des Lebens. Und wer ihre Wahrheit erkannt und erprobt hat, der wird sie immer wieder zur Hand nehmen und neue Schätze entdecken.

H. Heilkenbrinker

„Nicht mein, sondern dein Wille geschehe."
Setze alle Kraft daran, in Seinem Willen zu bleiben
und daß Sein Wille in dir bleibe. Wenn der Wille
Gottes auf der Erde geschieht wie im Himmel, dann
hat das Vermächtnis Jesu seine Erfüllung gefunden.
Betrachte die Sonne und ihre Strahlen.
Die Sonne ist Symbol des göttlichen Willens, der Gott
selbst ist. Die Strahlen sind dieser göttliche Wille
über einem jeden.
Geh zur Sonne in dem Licht deines Strahls, der verschieden ist und unterschieden von allen anderen, und
erfülle den wunderbaren, besonderen Auftrag, den
Gott für dich hat.
Unendliche Zahl von Strahlen, alle aus derselben
Sonne ... ein einziger Wille, doch einmalig über
einem jeden.
Je mehr sich die Strahlen der Sonne nähern, desto
mehr nähern sie sich untereinander. Auch wir, je
mehr wir uns Gott nähern mit der immer vollkom-
meneren Erfüllung des Willens Gottes, um so mehr
nähern wir uns untereinander.
Bis wir alle eins sein werden.

DER KLEINE SAME

Hast du nie beobachtet, wie auf einer verlassenen Straße unter dem Hauch des Frühlings junges Grün hervorsprießt und unaufhaltsam neues Leben aufbricht?

Das gleiche geschieht mit den Menschen, die dich umgeben, wenn du sie nicht mehr mit den Augen der Welt anschaust, sondern sie mit der göttlichen Kraft der Liebe belebst. Die übernatürliche Liebe in dir ist eine Sonne, die unaufhörlich neues Leben erblühen läßt.

Das genügt, um die Welt zu heilen und sie Gott zurückzuschenken.

Schönheit der Sprache, vollendete Umgangsformen, der Reiz eines Kunstwerkes, das reiche Erbe der Kultur, die Erfahrung vieler Jahre sind sicher Werte, die man nicht vernachlässigen soll. Aber für das Reich der Ewigkeit hat Wert, was mehr Leben in sich hat.

Schön und köstlich, voller Geschmack und Farbe ist die duftende Scheibe eines Apfels, aber, in die Erde gelegt, verdirbt sie und verwest restlos.

Der kleine Kern dagegen, der, geschmacklos und fade, dem Gaumen nicht mundet, bringt, in die Erde gelegt, neue Äpfel. So ist das Leben in Gott, das Leben der Christen, der lichtvolle Weg der Kirche.

Erhaben und feierlich ruht sie auf Säulen, die unsinnig, töricht, verrückt genannt wurden. Der Zorn des Fürsten dieser Welt stürzte sich auf sie, um sie bis auf den letzten Sproß zu zerstören. Sie hielt stand. Gleichsam wie Reben reinigte sie der Vater, damit sie, verbunden mit dem Weinstock, im Reich des Lebens reiche Frucht bringt.

Du, ich, der Milchhändler, der Bauer, der Pförtner, der Fischer, der Arbeiter, der Zeitungsverkäufer ... und alle anderen, enttäuschte Idealisten, Mütter mit Sorgen beladen, Liebende vor der Hochzeit, abgezehrte alte Menschen in der Erwartung des Todes, Jugendliche voller Leben, alle. Alle sind Baustoff für die Gesellschaft Gottes; es genügt ein Herz in ihnen, das die Flamme der Liebe hochhält und auf Gott ausrichtet.

DAS SCHWEIGEN MARIENS

Schön ist die Mutter in der ständigen Sammlung, wie das Evangelium sie uns zeigt: „Sie bewahrte alle diese Worte und bewegte sie in ihrem Herzen."
Dieses erfüllte Schweigen hat einen Zauber für die Seele, die liebt.
Wie können wir Maria nachleben in ihrem mystischen Schweigen, wenn wir berufen sind, manchmal zu sprechen, um das Evangelium zu verkünden, und immer unterwegs zu sein, überall, bei reich und arm, in den Häusern, auf den Straßen, in den Schulen, an allen Orten!
Auch die Mutter hat gesprochen: sie hat uns Jesus gebracht.
Niemand in der Welt war je ein größerer Apostel.
Niemand hatte je Worte wie sie, die *das Wort* gab.
Die Mutter ist wirklich und verdientermaßen Königin der Apostel.
Aber sie schwieg. Schwieg, weil sie zu zweit nicht sprechen konnten. Immer muß das Wort sich auf ein Schweigen stützen wie ein Gemälde auf seinen Grund.
Sie schwieg, weil sie Geschöpf war. Weil das Nichts nicht spricht.
Aber auf diesem Nichts sprach Jesus und sagte — Sich selbst.

Gott, Schöpfer und Alles, sprach auf dem Nichts der Kreatur.
Wie kann ich also Maria leben, wie mein Leben erfüllen lassen von ihrem Zauber?
Das Geschöpf in mir soll schweigen und auf diesem Schweigen sprechen der Geist des Herrn.
So lebe ich Maria und lebe Jesus. Lebe Jesus auf dem Grund Maria. Lebe Jesus, indem ich Maria lebe.

EIN SAPHIR UNTER STEINEN

Die Liebe in der Welt ist oft nicht Liebe. Darum gilt für sie das Wort: Die Liebe ist blind. Wenn aber eine Seele zu lieben beginnt, wie Gott es uns lehrt, Gott, der die Liebe ist, entdeckt sie bald, daß die Liebe Licht ist. Jesus hat ja gesagt: „Wer mich liebt, dem werde ich mich offenbaren."

Ein Wirbel von Stimmen verschiedenster Art flutet oft um unsere Seele, besonders wenn sie noch nicht weiß, was es heißt, Gott zu lieben. Es sind keine wohlklingenden, aber laute Stimmen: Stimmen aus dem Herzen, aus dem Verstand; Gewissensbisse; Stimmen der Trauer, Stimmen der Leidenschaften ... und wir folgen bald dieser, bald jener Stimme, und das Tun unseres Tages wird weitgehend von ihnen gelenkt.

Darum hat das Leben, auch wenn es in der Gnade Gottes steht, nur kurze Augenblicke, in denen die Sonne durchbricht, und der Rest ist in grauen Nebel getaucht. Aber aus ihm erhebt sich oft, stärker als alle anderen, eine richtende Stimme: Das ist nicht das wahre, ist nicht das volle Leben!

Doch wenn sich der Mensch zu Gott hin wendet und ihn zu lieben beginnt, wenn seine Liebe echt und greifbar und beständig ist, dann macht sich — unter den vielen Stimmen, die das Leben begleiten — hin und wieder eine besonders bemerkbar. Mehr ein Licht als eine Stimme, bricht sie sich sanft eine Bahn durch das verwirrende Konzert, das die Seele umgibt. Es ist ein fast unmerklicher Gedanke, der sich der Seele vielleicht zarter und feiner als die anderen anbietet.

Das ist manchmal die Stimme Gottes.

Dann hebt der Mensch, der sich für den Herrn entschieden hat, der nicht mit ihm handeln, sondern ihm alles schenken will, dieses klare und helle Quellwasser aus dem Sumpf heraus; es ist ein Saphir unter lauter Steinen, es ist wie Gold unterm Staub.

Das nimmt er, er reinigt es, er rückt es ins Licht, er setzt es in Leben um.

Und wenn dieser Mensch mit anderen gemeinsam zu Gott geht, damit der Vater sich über die brüderliche Liebe unter seinen Kindern freue, dann teilt er besonnen, nach dem Rate dessen, der für ihn Gottes Stelle auf Erden vertritt, seinen Schatz den anderen mit, damit er allen gehöre, damit der göttliche Strom weiterfließe und, wie im Wettstreit, der eine vom anderen lerne, Gott besser zu lieben.

Wenn der Mensch so handelt, liebt er in zweifacher Weise: er liebt in der Erfüllung des Willens Gottes, und er liebt in der Mitteilung seiner Gaben an die

Brüder. Und Gott wird sich ihm, seinen ewigen Worten getreu, Stufe um Stufe mehr offenbaren.

Nach all dem muß man mit ganzer Hingabe verlangen, bis das Herz nur noch in himmlische Gedanken eingetaucht ist und davon überfließt und das Leben davon vergöttlicht wird.

Gott gibt sich dem, der hat; und es hat, wer ihn liebt. Dann können in der dunklen Welt kleine Sonnen aufleuchten und vielen den Weg weisen, Sonnen, die in der völligen Demut ihres ganz dem Herrn hingegebenen Lebens Wärme ausstrahlen, da nicht mehr sie es sind, die reden, sondern Er, da nicht mehr sie es sind, die leben, sondern Er.

HIMMEL UND ERDE WERDEN VERGEHEN

Und ich werde mir dessen immer mehr bewußt:
„Himmel und Erde werden vergehen ...", aber der
Plan Gottes über uns vergeht nicht. Wir sind nur ganz
zufrieden, wenn wir uns immer dort wiederfinden,
wo Gott uns von Ewigkeit her hingedacht hat.

DER WILLE GOTTES

„Wie Gott will." Diesen Ausdruck gebrauchen die Christen meistens in Notlagen, aus denen sie keinen Ausweg mehr wissen, wenn sie vor dem unvermeidbaren Fehlschlagen aller Pläne, Hoffnungen und Wünsche stehen. Dann kommt der Glaube zum Vorschein und nimmt hin, was Gott verfügt hat.

Aber nicht nur auf diese Weise kann man den Willen Gottes erfüllen. Im Christentum gibt es nicht nur die „christliche Ergebung".

Das christliche Leben ist eine Wirklichkeit, die ihre Wurzeln auf der Erde, aber ebenso im Himmel hat.

Der Christ kann und muß durch seinen Glauben immer mit einem Anderen in Verbindung stehen, der seinen Weg und sein Schicksal kennt. Dieser Andere ist nicht von dieser Erde, sondern von einer anderen Welt. Er ist kein erbarmungsloser Richter oder ein absoluter Herrscher, der nur unseren Dienst verlangt. Er ist ein Vater. Einer also, der eine Beziehung zu den Menschen hat, und zwar als seinen Kindern. Durch den einzigen Sohn, der von Ewigkeit her bei ihm wohnt, hat er sie an Kindes Statt angenommen.

Darum wird das Leben des Christen nicht allein und kann nicht allein durch seinen eigenen Willen und nach seiner eigenen Voraussicht bestimmt werden.

Leider wachen viele Christen am Morgen in einer trüben Stimmung auf, weil sie an den Verdruß denken, den ihnen der neue Tag bringen wird. Sie klagen über manche vergangenen, zukünftigen und gegenwärtigen Dinge. Denn sie selbst sind es, die sich ihr Lebensprogramm entwerfen; und dieser Entwurf, das Ergebnis menschlicher Klugheit und beschränkter Voraussicht, kann den Menschen, der hungrig nach dem Unendlichen ist, nicht voll befriedigen.

Sie setzen sich selbst an Gottes Stelle, wenigstens in dieser Hinsicht, und wie der verlorene Sohn nehmen sie ihren Teil und geben ihn auf ihre Weise aus, ohne den Rat des Vaters, außerhalb der Familie.

Wir Christen sind oft blind und verzichten auf unsere übernatürliche Würde. Wir wiederholen zwar täglich im Vaterunser: „Dein Wille geschehe, wie im Himmel, also auch auf Erden." Aber wir verstehen weder, was wir sagen, noch handeln wir so, daß unsere Bitte in Erfüllung gehen kann.

Gott kennt und weiß den Weg, den wir in jedem Augenblick unseres Lebens zu gehen haben. Für jeden von uns hat er eine himmlische Bahn bestimmt, auf der der Stern unserer Freiheit kreisen wird, wenn er sich Dem überläßt, der ihn geschaffen hat. Unsere

Bahn, unser Leben, steht nicht im Widerspruch zu einer anderen Bahn, zu dem Weg von Milliarden anderer Wesen, die Kinder des Vaters sind wie wir, sondern kreist im Einklang mit ihnen an einem Firmament, das heller glänzt als unsere Sternenhimmel.

Gott muß unser Leben bewegen und in ein uns verborgenes göttliches Abenteuer hineinziehen, in dem wir — Zuschauer und Mitspieler zugleich bei den wunderbaren Werken seiner Liebe — Augenblick für Augenblick den Beitrag unseres freien Willens leisten.

Wir können es tun. Nicht: wir müssen es tun, oder noch schlimmer: es bleibt uns nichts anderes übrig, als es zu tun.

Gott ist Vater, also Liebe. Es ist unser Schöpfer, unser Erlöser, der Heiligmacher. Wer weiß besser als Er, was für uns gut ist?

„Herr, es geschehe, ja, jetzt und immer geschehe dein göttlicher Wille! Er geschehe an mir, an meinen Kindern, an den anderen, an ihren Kindern, an der ganzen Menschheit.

Habe Geduld und vergib uns, daß wir, blind und unverständig, den Himmel zwingen, sich zu verschließen und seine Gaben der Erde vorzuenthalten; denn mit geschlossenen Augen — durch unser Leben — sagen wir: Es ist Nacht, und es gibt keinen Himmel!

Ziehe uns in den Strahl deines Lichtes, unseres Lichtes, das deine Liebe uns zugedacht hat, als du uns aus Liebe erschufst.

Und zwinge uns, jeden Augenblick das Knie zu beugen und deinen Willen anzubeten, der allein gut, liebens-würdig, heilig, reich, neu, bezaubernd und fruchtbar ist. Dann werden wir, wenn die Stunde des Schmerzes kommt, auch in ihm deine göttliche Liebe erkennen. Wir werden dann, von dir erfüllt, mit deinen Augen schon auf der Erde das göttliche Muster von oben her betrachten, das du für uns und unsere Brüder gewoben hast, in dem sich alles als ein leuchtender Faden der Liebe erweist. Und möge uns der Blick auf die Knoten etwas leichter fallen, die deine mit der Gerechtigkeit verbundene Barmherzigkeit dort knüpfte, wo unsere Blindheit deine Arbeit zerriß.

Dein Wille geschehe in der Welt; und dann wird sicher der Friede auf die Erde herabsteigen, weil die Engel es gesagt haben: Friede den Menschen auf Erden, die guten Willens sind. Und wenn du gesagt hast, daß einer allein der Gute ist, der Vater, so ist auch einer allein der gute Wille: der deines Vaters."

DIE WERKE, DIE UNS NACHFOLGEN

An manchen Tagen geht es uns, menschlich gesprochen, besonders gut, an anderen weniger.

Da wiederholt sich die wertvolle Erfahrung, daß es im Leben nicht so sehr darauf ankommt, ob es gut oder weniger gut geht, sondern, wie man dieses Leben verbringt. Denn dieses „wie" schließt die Liebe ein, die allein Wert hat und allem Wert gibt.

Der liebt Gott, der sein Wort hält. Untertags müssen wir daran denken, daß man weder Freud noch Leid in das andere Leben mitnehmen kann, weder die Werke des Apostolates noch unser soziales Bemühen. Denn selbst wenn man den Leib zum Verbrennen gäbe, ohne die Liebe nützte es nichts. Und verteilte man auch alle seine Habe unter den Armen, ohne die Liebe nützte es nichts.

In das andere Leben nehmen wir nur mit, „wie" wir hier gelebt haben. Das heißt, ob wir nach dem Worte Gottes gehandelt haben, das uns die Gelegenheit gibt, unsere Liebe auszudrücken. Darum wollen wir jeden Morgen froh aufstehen, ob es stürmt oder die Sonne strahlt, und daran denken, daß von unserem Tag nur so viel bleibt, wie wir uns mit dem Worte Gottes ernährt haben. Wenn wir unseren Tag so leben, wird Christus in uns wirken und wird auch unseren Werken ihren Wert geben, gleich ob sie durch unser Handeln, unser Gebet oder unsere Schmerzen geschehen sind. Dies sind die Werke, die uns nachfolgen. Kurzum, wir werden staunen, wie uns das Wort Gottes, die Wahrheit, freimacht: frei von den Umständen, frei von diesem sterblichen Leib, frei von seelischen Prüfungen, frei von der Umwelt, die einen Schatten auf die Schönheit und Fülle des Reiches Gottes in uns werfen möchte.

VERVOLLKOMMNUNG IN DER LIEBE

Wenn im Leben unser ganzes Streben allein darauf ausgerichtet wäre, uns zu vervollkommnen in der Liebe zu Gott und in der Liebe zu jedem Bruder, dem wir begegnen oder mit dem wir durch unsere Arbeit zusammenkommen, brauchten wir nichts Weiteres zu tun.

Die vollkommene Liebe zu Gott bedeutet ja die vollkommene Erfüllung des Gesetzes, die vollkommene Verwirklichung jener Liebe, die der Heilige Geist in unsere Herzen eingegossen hat. Durch sie könnten wir kleine Sonnen neben der Sonne werden.

Wir wissen, daß Gott die Liebe ist und daß wir seine Kinder sind. Deshalb müßte unsere Selbstverwirklichung in der Verwirklichung des Wortes liegen: „Ihr seid Götter". — Liebe neben der Liebe, ein anderer kleiner Christus neben Christus, erst recht also eine andere kleine Maria neben Maria.

Die Vollkommenheit in der Liebe anstreben heißt: für die Brüder ständig wachsende Liebe haben. Eine Liebe, die all jene anderen christlichen Werte in uns entwickelt, die ihr dienen. Sie gibt uns die wirkliche Armut, die wirkliche Reinheit, die wirkliche Demut, das selbstverständliche Durchhalten, die wirkliche Geduld . . .

In der Liebe vollendet sein — nicht nur denen gegenüber, die uns nahestehen, sondern allen gegenüber — heißt: das Schöne an allen Berufungen in der Kirche entdecken, das Gute aller Völker aufnehmen und mit einer entschlossenen Haltung zur universalen Brüderlichkeit und zum Frieden beitragen. Es bedeutet, alle Werte des Christentums in den getrennten Kirchen oder kirchlichen Gemeinschaften zu schätzen und ins Licht zu rücken. Es gilt, die guten Absichten all der Menschen zu verstehen, die noch fern von Christus leben, und den ersten Schritt zu tun, damit sie den Weg zur vollen Wahrheit finden. Vervollkommnung in der Liebe heißt, dem Heiligen Geist Herz und Mund zu überlassen, damit er durch uns die nahen und die fernen Wunden heilen, Stärkung bringen und die Herzen erobern kann.

WACHSAM SEIN

Manchmal läßt uns Gott vollkommen im Ungewissen leben, indem Er unsere Programme und Pläne umstößt, durch Krankheit oder andere Not. Damit wir in der Sicherheit des einzig Wirklichen leben: vor Gott, im gegenwärtigen Augenblick. Damit unser Wissen und unser Wollen auf das ausgerichtet ist, was Gott für uns vorgesehen hat.

Deshalb müssen wir wachsam sein, wie Jesus es uns nahegelegt hat, denn wir kennen weder den Tag noch die Stunde seiner Ankunft. Und man kann hinzufügen: jeder seiner Ankunft. Er kommt immer, jeden Augenblick, in seinen Forderungen, die — menschlich gesehen — schön oder traurig scheinen mögen. In Wirklichkeit aber sind sie Er selbst, die Liebe. Diese Wachsamkeit läßt uns — sozusagen — mit beiden Füßen auf der Erde stehen (auf dem „verheißenen Land", das wir schon jetzt hier besitzen können und müssen). In dieser Haltung besteht keine Gefahr zu fallen, weder in Sünde noch Illusionen, weder in Enttäuschung noch Angst.

IMMER ABER IM SCHMERZ

An vielen Orten habe ich dich gefunden, Herr! Ich habe dein Herz schlagen hören im tiefen Schweigen einer Bergkapelle, im Schatten des Tabernakels einer leeren Kathedrale, im Hauch der Einmütigkeit einer Gemeinde, die die Hallen deiner Kirche mit ihren Liedern und ihrer Liebe erfüllte.

Ich habe dich in der Freude gefunden. Ich habe dich jenseits des Sternenhimmels gegrüßt, wenn ich am Abend schweigend von der Arbeit nach Hause ging.

Ich suche dich und finde dich oft.

Immer aber finde ich dich im Schmerz.

Ein Schmerz, gleich welcher Schmerz, ist wie der Klang der kleinen Glocke, die die Braut Gottes zum Gebet ruft. Wenn der Schatten des Kreuzes naht, sammelt sich die Seele im Tabernakel ihres Inneren, sie sieht dich und spricht mit dir — und vergißt die kleine Glocke.

Du bist's, der da kommt, mich zu besuchen. Ich bin es, die dir antwortet: „Herr, da bin ich. Dich will ich, dich habe ich gewollt."

Und bei dieser Begegnung fühlt meine Seele ihren Schmerz nicht, sondern ist wie berauscht von deiner Liebe: umhüllt von dir, durchdrungen von dir; ich in dir, du in mir, bis wir eins sind.

Dann öffne ich die Augen wieder für das Leben, das in Wahrheit kaum Leben ist, von Gott gerüstet, deine Schlachten zu schlagen.

„Wachet . . ." Das Evangelium spricht vom Wachen mit gegürteten Lenden und angezündeter Lampe und verspricht dem wachsamen Knecht, daß der Herr sich bei der Ankunft gürten und ihn bedienen wird.

Nur die Liebe wacht. Es ist der Liebe eigen zu wachen. Wenn man einen Menschen liebt, so ist das Herz immer wach und wartet auf ihn, und jede Minute ohne ihn ist für ihn da, und man verbringt sie wachend.

Jesus verlangt hier nach der Liebe, und darum fordert er auf zu wachen.

Es wacht auch, wer Furcht hat. Jesus spricht in der Tat von Dieben.

Man wacht, weil man sich fürchtet, und man fürchtet sich, weil man etwas liebt, was man nicht verlieren möchte.

Jesus verlangt nach der Liebe. Aber er liebt selbst auch, und darum erweckt er Furcht, um wenigstens zu retten. Er macht es wie die Mutter, die den Kindern Belohnung und Strafe verspricht, je nach ihrem Betragen.

Jesus fordert nicht nur die reine Liebe, die gibt, ohne an Lohn zu denken; um uns gerettet zu sehen, weist er auch auf Lohn und Strafe hin.

DIE KLUGEN JUNGFRAUEN

Die klugen und die törichten Jungfrauen.

Das Öl ist die Liebe.

Wer die Liebe hat, ist Jungfrau.

Deshalb ist — wenn man die Dinge mit dem Auge Gottes betrachtet — Magdalena mehr Jungfrau als viele Jungfrauen, die stolz sind auf ihre Jungfräulichkeit oder sonstwie nicht lieben.

Und Jesus kann sie nicht kennen, weil die Liebe nur die Liebe kennt.

Der Bräutigam erkennt die Braut in jener, die seinen Namen trägt; er erkennt etwas von sich, gleichsam sich selbst in sie hineingelegt, die eins ist mit ihm.

Nun ist Gott geradezu die Liebe; nichts ist mehr sein als sie, die sein Wesen ist.

Was für ein Schmerz, zu denken, daß das Leben so
vieler Menschen nicht gelebt wird! Sie leben nicht,
weil sie nicht sehen. Und sie sehen nicht, weil sie mit
ihrem Auge auf die Welt blicken, auf die Dinge, auf
die Familie, auf die Menschen.
Um sehen zu können, braucht man nur jedes Ereignis,
jede Sache, jeden Menschen mit dem Auge Gottes zu
betrachten. Es sieht, wer sich in Gott einfügt, wer ihn
als „Liebe" erkennt, an seine Liebe glaubt und wie
die Heiligen denkt: „Alles, was Gott will und zuläßt,
ist zu meiner Heiligung."
Freuden und Leiden, Geburten und Todesfälle, Angst
und Glück, Niederlagen und Siege, Begegnungen, Be-
kanntschaften, Arbeit, Krankheiten und Arbeitslosig-
keit, Kriege und Geißeln, Kinderlächeln, Mutterliebe,
alles, alles ist Rohstoff für unsere Heiligung.
Um uns kreist eine Welt von Kräften aller Art: eine
göttliche Welt, eine Engelwelt, eine brüderliche Welt,
eine liebenswerte Welt — aber auch eine feindliche
Welt, von Gott bestimmt zu unserer Heiligung, die
unser wahres Ziel ist.
Und in dieser Welt ist ein jeder Mittelpunkt, weil das
Gesetz von allem die Liebe ist.
Und wenn wir nach dem Willen des Höchsten lieben,

immer den Herrn und die Brüder, immer den Willen und die Zulassung Gottes lieben, dann dienen die anderen Wesen — sie mögen es wissen oder nicht —, dann bewegen sie sich in ihrer Existenz zu unserem Wohl. Wirklich, denjenigen, die lieben, gereichen alle Dinge zum besten.

Mit den verdunkelten und ungläubigen Augen sehen wir sehr oft nicht, wie jeder und alle geschaffen sind zum Geschenk für uns und wir zum Geschenk für die anderen.

Aber es ist so. Und ein geheimnisvolles Band der Liebe bindet Menschen und Dinge, lenkt die Geschichte, bestimmt das Ende der Völker und der einzelnen, unter Wahrung der höchsten Freiheit.

Aber einige Zeit, nachdem die Gott hingegebene Seele das „Glauben an die Liebe" zu ihrem Gesetz gemacht hat, offenbart Gott sich ihr. Sie erhält neue Augen und sieht, daß sie aus jeder Prüfung neue Früchte erntet, daß jedem Kampf ein Sieg folgt, daß auf jeder Träne ein Lächeln erblüht, immer neu, weil Gott das Leben ist, Gott, der die Qual, das Übel um eines größeren Gutes willen zuläßt. — Die Seele begreift, wie der Weg Jesu nicht im Kreuz und im Tod, sondern in der Auferstehung und in der Himmelfahrt gipfelt.

Dann verliert sich die Weise, die Dinge menschlich zu betrachten, und wird sinnlos, und nichts Bitteres vergiftet mehr die kurzen Freuden ihres irdischen Lebens. Nichts bedeutet für sie das schwermütige Wort: „Keine Rose ohne Dorn", sondern durch die alles umwälzende Welle der Liebe, in die Gott sie hineingezogen hat, gilt genau das Gegenteil: „Kein Dorn ohne Rose".

DIE HEILIGEN

Groß sind die Heiligen.
Gott hat hat sie groß gemacht,
und sie setzen für ihn, als seine Kinder,
alles aufs Spiel.
Sie geben und fordern nicht.
Sie geben das Leben, die Seele, die Freude,
alle irdischen Bande, allen Reichtum.
Frei und allein
in das Unendliche geworfen
warten sie, daß die Liebe sie führe
in das ewige Reich; aber schon in diesem Leben
fühlen sie ihr Herz von der Liebe erfüllt;
von der wahren Liebe; von der einzigen Liebe,
die sättigt, die tröstet;
von jener Liebe die aufbricht
die Augenlider der Seele und
neue Tränen schenkt.
Ach! kein Mensch weiß, was ein Heiliger ist.
Er hat gegeben, und nun empfängt er,
und ein ständiger Strom
geht zwischen Himmel und Erde,
bindet die Erde an den Himmel
und träuft aus Abgründen
köstlichen Rausch, himmlische Labsal,

die nicht beim Heiligen anhält,
sondern überströmt auf die Müden, die Elenden,
die Blinden und Lahmen im Geiste;
die einbricht und übertaut,
aufrichtet, an sich zieht und heilt.
Wer wissen will, was Liebe ist,
der soll den Heiligen fragen.

EIN WEG FÜR ALLE

Nicht selten fühlen sich Menschen von dem Gedanken angezogen, heilig zu werden. Vielleicht weckt gerade das Wirken der Gnade Gottes einen solchen Wunsch.

Die Betrachtung der Größe eines Heiligen, der Einfluß seiner Persönlichkeit auf seine Zeit, die weitreichende und fortdauernde Revolution, die er in der Welt auslöst, bilden oft den ersten Brennstoff für das Feuer dieser Sehnsucht.

Doch manchmal steht der Mensch, der von diesem Verlangen ergriffen wurde, vor den Heiligen wie vor einem unzugänglichen Joch oder wie vor einer unüberwindbaren Mauer.

„Wie wird man heilig?" fragt man sich. „Was ist der Maßstab, die Methode, der Weg?"

„Wenn ich wüßte, daß es genügt, Buße zu tun, würde ich mich von früh bis spät geißeln. Wäre es mit dem Gebet getan, würde ich Tag und Nacht beten. Genügte es zu predigen, würde ich — ohne mir Ruhe zu gönnen — durch Städte und Dörfer eilen, um allen das Wort Gottes zu verkünden ...

Aber ich weiß nicht, ich kenne nicht den Weg.

Jeder Heilige hat sein besonderes Gesicht. Er unterscheidet sich von den anderen wie die Blumen eines Gartens . . .Aber vielleicht gibt es einen Weg, den wir alle gehen können.

Vielleicht muß man sich nicht einen eigenen Weg suchen, einen Plan entwerfen, von großen Werken träumen, sondern in den Augenblick eindringen, der vorübergeht, um darin den Willen dessen zu erfüllen, der sich der „Weg" schlechthin genannt hat. Der vergangene Augenblick ist nicht mehr, der nächste wird vielleicht nie in unserer Hand sein. Sicher ist nur, daß wir in dem Augenblick, der uns geschenkt ist, Gott lieben können.
Heiligkeit wird in der Zeit verwirklicht. Niemand kennt die eigene Heiligkeit, oft auch nicht die des anderen, solange er lebt. Erst wenn der Mensch den Lauf vollendet und die Prüfung bestanden hat, enthüllt sich der Welt der Plan, den Gott mit ihm hatte.
An uns liegt es, die Heiligkeit einen Augenblick nach dem anderen zu erbauen, indem wir mit ganzem Herzen, mit ganzer Seele und aus allen Kräften der Liebe entsprechen, die Gott uns entgegenbringt; dieser persönlichen Liebe, denn Gott ist unser Vater; dieser unbegrenzten Liebe, denn sie besitzt die Weite der Liebe eines Gottes.

DAS GÖTTLICHE SPIEL

Wenn eine Seele sich aufrichtig Gott hingibt, so beginnt er sein Werk an ihr. Und Leid und Liebe werden zum Rohstoff dieses göttlichen Spiels. Leid, um Abgründe in der Seele aufzureißen; Liebe, das Leid zu lindern, und nochmals Liebe, die Seele wieder zu erfüllen und ihr das Gleichgewicht des Friedens zu schenken.

Die Seele weiß sich unter Gottes mächtiger Hand. In schweigender Erwartung blickt sie, wenn auch unter Tränen, auf das Werk des Geliebten.

Doch bisweilen wirkt Gott in der Seele so mächtig, daß sie in Martern zerrieben wird, die schmerzlicher sind als der Tod. Bei keinem findet sie Hilfe oder geistlichen Halt. Die Erde ist für sie zu einer endlosen Wüste geworden.

Dann erblüht ein neues Wunder: eine unbegrenzte Zuversicht, ein verzweifeltes Vertrauen zu dem Gott, der ihre Leiden und Nächte zuläßt, um die Seele für den Himmel zu bereiten. Und es beginnt zwischen Gott und der Seele ein neues Zwiegespräch, das nur Gott und die Seele kennen. Sie spricht: „Herr, du siehst, wie ich von Todesschatten umgeben bin. Du erkennst die äußerste Unsicherheit meines Geistes, und du weißt, daß niemand ihm Ruhe zu schenken vermag. Sorge du nun für mich. In der Erwartung, das Leben zu finden, arbeite ich für dich, für die Pläne des Himmels."

Die Seele ist wie ein Blütenkelch, der sich der Liebe Gottes öffnet und, vom Stengel gelöst, zur Sonne emporsteigt, immer näher zu ihrem Licht und ihrer Wärme, bis er in der Stunde, die Gott bestimmt hat, sich mit ihm vereint; nun nicht mehr preisgegeben, nicht mehr allein, sondern geborgen in jenem unendlichen Meer des Friedens, das Gott ist.

DER TABERNAKEL

Es ist etwas Unbegreifliches, etwas Außergewöhnliches, was immer tiefer in meine Seele eindringt: dieses dein schweigendes Wohnen dort im Tabernakel.

Ich komme am Morgen in die Kirche und finde dich dort. Ich eile in die Kirche, weil ich dich liebe, und finde dich dort. Ich gehe wie zufällig oder aus Gewohnheit oder aus Ehrfurcht hinein und finde dich dort.

Und jedes Mal sagst du mir ein Wort, ordnest du meine Gefühle, komponierst mit immer anderen Noten einen einzigen Gesang, den mein Herz auswendig weiß und der mir ein einziges Wort wiederholt: ewige Liebe.

O Gott, du konntest nichts Besseres erfinden.

Dein Schweigen, in dem der Lärm unseres Lebens verstummt, jenes schweigende Pochen deines Herzens, das Tränen trocknet, jenes Schweigen, tönender als ein himmlisches Konzert, das dem Verstande das Wort sagt, dem Herzen den göttlichen Balsam schenkt; jenes Schweigen, in das jede Stimme sich einmünden fühlt, in dem jedes Gebet verwandelt mitschwingt: diese deine geheimnisvolle Gegenwart ... Dort ist das Leben, dort ist die Erwartung, dort ruht unser kleines Herz aus, um ohne Ruhe seinen Lauf wieder aufzunehmen.

Ich habe bemerkt, daß du eine einzigartige, aber nicht eintönige Taktik hast, vielleicht weil du dein Handeln selbst bist, Herr. Und du bist die immer neue Liebe.

Und deine Taktik ist diese: wenn die Seelen sich mit Halbdunkel begnügen — und ich meine nicht das Zwielicht vergänglicher Dinge —, wenn sie also für dich leben, aber du selbst nicht ihr Leben bist, dann bietest du oft einen Schmerz an.

Dann kehrt die Seele zu dir zurück und spricht ihr Ja. Und manchmal ist dieses Ja von einem Gefühl tiefer Dankbarkeit erfüllt und in ein besonderes Gebet eingetaucht: „Ja, Herr! Wenn ich dem Kreuz begegne, treffe ich dich an ihm. Dank, daß du mich zu dir zurückgerufen hast und nicht nur zu dem, was dich betrifft. Denn nach nichts verlangt es mich so sehr wie nach der Einsamkeit mit dir, der ich mich am Tage der Begegnung gezwungen stellen muß, wenn ich sie nicht jetzt schon durch die Liebe erwähle. Und du, der du alles kannst, gib mir in deinem Namen dieses beständige Gespräch zwischen dir und dir in mir, wo Ereignisse, Menschen und Dinge nichts anderes sind als Brennstoff für unsere reine Liebe."

Nur dies ist wahres Leben, weil Funke von dir, Leben ohne Trug, ohne Enttäuschung, ohne Stillstand und ohne Untergang.

MACHT IN DER OHNMACHT

Gott ist mächtig, ist der Allmächtige. Maria ist „all-
mächtig aus Gnade" genannt worden. Sie hat wirklich Macht: sie erreicht, um was sie bittet.
Wir sind elende Wesen. Und wer sich unter uns für
besser hält, stellt sich gerade dadurch in eine Reihe
mit uns. Aber, wenn wir Gott lieben, können uns
unsere Ohnmacht und unsere Armut dienlich sein.
Sie können uns helfen, etwas zu erreichen.
Wenn der Vater im Himmel gewollt hat, daß Jesus
unser Bruder wurde, wenn er für seine Ankunft eine
Immakulata unter den Menschen bereitet hat, dann
doch deswegen, weil wir ins Elend geraten, an der
Seele verwundet, weil wir Sünder sind.
Die Sünde muß man hassen. Aber daß Jesus durch
Maria auf die Erde kam, könnte uns, wenn wir es tief
verständen und Gott uns nicht hielte, vor Freude sterben lassen.
Jesus auf der Erde . . . unser Bruder geworden . . . Er
sagt: „Wenn ihr den Vater in meinem Namen um
etwas bittet, wird er es euch geben." So sagt in einer
Familie der gute Sohn zu dem liederlichen Bruder,
der ihn zum Mitleid bewegt: „Geh zum Vater und
bitte in meinem Namen", und ist sicher, daß sein Bruder so mehr erlangen wird.

Jesus auf der Erde . . . Jesus unser Bruder . . . Jesus, der unter Räubern für uns stirbt, er, der Sohn Gottes, den anderen gleichgestellt. Auch er hatte etwas geraubt — für uns: den Himmel, den wir für immer verloren hätten.

Vielleicht sind auch wir ein wenig mächtig beim Herzen des Vaters, wenn wir uns vor ihm zeigen, wie wir sind: armselige Geschöpfe, die es vielleicht bunt getrieben haben, die aber reumütig zu seiner Liebe zurückkehren und sagen: „Im Grunde bist du ja zu uns gekommen, weil unsere Schwäche dich angezogen, weil unser Elend dich zum Mitleid gerührt hat."

Es gibt keinen Vater und keine Mutter, die einen verlorenen Sohn so erwarten und alles für seine Rückkehr tun wie der Vater im Himmel.

Bevor Jesus den Kalvarienberg bestieg, beim Abend-
mahle, in den vielleicht innigsten Stunden, die er mit
seinen Aposteln verbrachte, sagte er zu ihnen: „Meine
Kindlein . . ."
Er war um ihretwillen Mensch geworden und war nun
daran, zu ihrer Rettung sein Blut zu vergießen. Mit
Recht konnte er sie „Kinder" nennen.
Dann starb er am Kreuz, und drei Tage darauf erschien er der weinenden Magdalena und sprach: „Geh
zu meinen Brüdern und sage ihnen: ich mache mich
auf zu meinem Vater und eurem Vater, zu meinem
Gott und eurem Gott."

Es ist eine wahre und göttliche Liebe, es ist eine in
Jesus fleischgewordene Liebe, die ihn „Kinder" sagen
läßt — nicht nur zu den gegenwärtigen Jüngern, son-
dern durch sie zu allen, die ihm folgen würden.
Aber es zeigt sich eine noch größere Liebe, wenn er
Magdalena sagt: „Geh zu meinen Brüdern".

Gott als Vater kann man sich vielleicht vorstellen, da
ja im Vater immer eine Überlegenheit ist, die ihn vom
Sohn unterscheidet. Aber Gott als Bruder, der mit uns
im Himmel seinen und unseren Vater anbetet, ist ein

solches Geheimnis, daß man es nur erahnen kann, wenn man bedenkt, daß Gott wirklich die Liebe ist. Nachdem er als Mensch alle Titel der Vaterschaft gegenüber den Menschen verdient hatte, für die er Mensch geworden war, lebte und starb, stellte er sich an der Grenze seines Lebens auf die Seite derer, die er mit dem Vater versöhnt, seiner Gottheit teilhaft und in seiner Liebe sich ähnlich gemacht hatte.

Man sagt in der Tat, daß die Liebe sich ähnlich macht; und das sieht man in Jesus mit einer einzigartigen Klarheit und Leuchtkraft.

Es kennzeichnet Jesus als Heiland ferner, daß er diese Worte der Brüderlichkeit an eine Frau richtet, die eine Sünderin gewesen war. Und gerade ihrer bedient er sich, um den Aposteln seiner entstehenden Kirche die Osterbotschaft zu bringen.

Das Ziel der Menschwerdung und des Leidens Jesu war die Rettung dessen, was verloren war. Und das bleibt immer das Anliegen Jesu, und er wird sich darin nie untreu. Auch die Kirche wurde gegründet, um diese Aufgabe fortzusetzen, und darum läßt Jesus seinen Auserwählten die außerordentlichste Botschaft, das erhabenste Wunder durch Maria Magdalena überbringen.

Vor allem für sie und für alle Sünder war er gestorben. Durch die Liebe und das Blut Jesu waren sie gereinigt und sogar würdig gemacht worden, die größte Botschaft, die die Menschheit jemals kennengelernt hat und jemals kennenlernen wird, denen zu bringen, die berufen waren, sie der Welt weiterzugeben: die Botschaft von der Auferstehung Jesu und — in ihm und mit ihm — aller, die ihn lieben.

Der Christ schätzt, was die Welt verachtet, oder er folgt Christus nicht nach.

Der Christ verachtet, was die Welt schätzt, oder er folgt Christus nicht nach.

Der Christ geht den Weg seines irdischen Lebens mit der Bereitschaft, jeden Augenblick im Jenseits zu erscheinen, oder er folgt Christus nicht nach.

Der Christ läßt Christus aufleuchten in jeder seiner Handlungen, oder er folgt Christus nicht nach.

Der Christ ist lebendiger Ausdruck der Kirche, oder er folgt Christus nicht nach.

Der Christ denkt mit der Kirche und trägt mit ihr die Schmerzen, die Wunden der Spaltung, die offenen und ständigen Angriffe des Feindes, oder er folgt Christus nicht nach.

Der Christ verschwendet sich für die Massen und in gleicher Weise für einen einzigen Nächsten, oder er folgt Christus nicht nach.

Der Christ lebt aufs neue Maria, die ihm Vorbild ist; und er liebt mit dem Sohne auch die Mutter, oder er folgt Christus nicht nach.

Der Christ macht sich selbst zu Staub, und auf seiner Asche gibt er Gott die Ehre, oder er folgt Christus nicht nach.

Der Christ reißt mit göttlichem Eifer viele zur Nachfolge Christi hin, oder er folgt Christus nicht nach.

Der Christ kennt und erträgt die Kritik, den Haß, die Verfolgungen, oder er folgt Christus nicht nach.

Der Christ widersteht tapfer und beharrlich den Fluten der Lauheit, Trägheit und Sünde, dem Erbe der Welt, oder er folgt Christus nicht nach.

Der Christ trennt mit dem Schwert die irdischen Bindungen und schafft die Einheit auf göttlicher Ebene, oder er folgt Christus nicht nach.

Der Christ entfesselt die Revolution Christi und gibt Zeugnis von ihm durch die höchstmögliche Einheit mit seinen Brüdern, oder er folgt Christus nicht nach.

Als Jesus auf der Erde erschien, war das kein Ereignis wie alle anderen oder besser als die anderen, oder ein Geschehen, viel besser als die anderen.

Gott kam auf die Erde, der Schöpfer der Welt, der Sterne, der Seelen, der Liebe, der Engel, des Himmels ... Gott konnte die Dinge nicht lassen, wie sie waren, oder sie nur verbessern.

Er mußte ihnen sein göttliches Siegel einprägen, damit seine Kirche nicht nur fortbestehe, sondern zum beständigen Widerspruch werde gegen überkommene Gewohnheiten, seit Jahrhunderten eingewurzelte Bräuche und unsinnige Gesetze, entstanden aus geistlichen, moralischen und intellektuellen Verirrungen. Die Kirche mußte ein bestimmtes Zeichen des Widerspruchs tragen gegen die entgottete und darum blinde Geistesverfassung der Welt.

In der Menschheit hatten sich Kulturen entwickelt, von denen die armen Sterblichen verlockt wurden, sich mit wertlosem Tand zufriedenzugeben.

Das Kommen Christi aber hat alles, was die Welt vorher schätzte, in den Schatten gestellt. Die Kirche speicherte die göttliche Kraft des Lichtes Gottes durch die Jahrhunderte in ihren Schatzkammern und teilt sie fortwährend aus durch ihre Diener, durch ihre Gläubigen, durch ihre Heiligen.

Die Heiligen — sie folgen in Wahrheit Christus nach. Sie stehen dem Volke nahe, und sind doch so verschieden von ihm!

Nahe sind sie dem Herzen dessen, der leidet und sie anruft, und unendlich erhaben über jene, denen sie Gutes tun.

Kaum bekannt bei den Menschen, weil sie in einem

Reich gelebt haben, das nicht von dieser Welt ist; und doch der Menschheit so wohlbekannt, weil ein Licht von ihnen ausgegangen ist, das sich nur schwer verhüllen läßt.

Leider wird der Heilige von vielen, auch von den Gläubigen, die nicht lieben und daher nicht sehen, verkehrt eingeschätzt. So ist Don Bosco nur jene bekannte lächelnde, aber kalte Statue, die heilige Rita das fahle und leidende Antlitz einer Nonne mit dem Dorn in der Stirn, die heilige Klara das Gemälde von Martini, das den Künstlern viel, dem Christen aber wenig sagen mag, und der heilige Ignatius der tapfere Offizier aus dem sechzehnten Jahrhundert, nicht aber der Soldat Christi, der uns mit seiner Glut, seinem äußersten Gehorsam und seiner Hingabe an die Kirche erfüllt.

Die Heiligen haben Kranke gepflegt, haben Landstreicher, hilflose Greise, Waisenkinder, Dirnen und Geisteskranke aufgenommen.

Sie haben Gefangene getröstet, Sterbenden Mut gemacht, junge Menschen für Gott entflammt, Volksscharen begeistert ...

Aber die Heiligen haben das alles nicht nur getan, weil die Alten aus der Gesellschaft ausgestoßen waren, weil die Armen vor den Villen und auf den Straßen der Reichen störend wirkten und weil niemand die Findelkinder aufnahm.

Sondern der Heilige errichtet Denkmäler der Liebe an der Straße der Jahrhunderte, weil er gerade in den Bettlern, in den Waisen, in den Kranken, in den Ausgestoßenen das schönste Antlitz Christi gesehen hat, den vollkommenen menschlichen Abglanz des Wortes Gottes, der das Licht ist, die absolute Schönheit.

Die Heiligen haben den besten Teil erwählt. Sie haben sich um das gesorgt, was wahren Wert hat, und sind durch die Welt gegangen, ohne auf den Tand zu achten. Sie haben den Schatz gesucht, sie haben die Eitelkeiten verachtet.

Und sie haben so gehandelt, weil sie sahen; die anderen waren blind. Denn wahrhaftig, der Heilige betrachtet die Welt mit dem Auge Gottes.

„Es ist leichter, daß ein Kamel durch ein Nadelöhr geht als ein Reicher in das Reich Gottes." Der Reiche, der nicht handelt, wie Jesus will, spielt mit der Ewigkeit.

Aber wir alle sind reich, solange Christus nicht mit seiner ganzen Fülle in uns lebt.

Auch der Arme, der seinen Bettelsack mit den Brotkrusten trägt und flucht, wenn einer daran rührt, ist ein Reicher, nicht weniger als alle anderen. Sein Herz ist nicht frei, weil es an einer Sache hängt, die nicht Gott ist.

Wenn man sich nicht wirklich arm macht, arm nach dem Evangelium, kommt man nicht in das Himmelreich.

Der Weg hinauf ist schmal, und da kommt nur das Nichts durch.

Da ist einer reich an Wissen, und seine Aufgeblasenheit versperrt ihm den Eingang in das Reich und des Reiches in ihn, und so findet der Geist der Weisheit Gottes keinen Platz in seiner Seele.

Da ist einer reich an Einbildung, an Stolz, an menschlichen Neigungen, und solange er nicht alles abschneidet, ist er nicht aus Gott.

Das Herz muß ganz leer werden, um Gott Raum zu

geben und allem Geschaffenen in seiner göttlichen Ordnung.

Da ist einer reich an Sorgen und weiß sie nicht in das Herz Gottes zu werfen („Werft alle Sorgen auf mich"), und er ist beunruhigt. Er hat nicht die Freude und den Frieden und die Liebe des Himmelreiches. Er kommt nicht durch.

Da ist einer reich an seinen eigenen Sünden und beweint sie und quält sich, statt sie in der Barmherzigkeit Gottes zu verbrennen und nach vorn zu blicken und Gott und den Nächsten zu lieben für die Zeit, da er nicht geliebt hat.

DIE „KLUGHEIT"

Was manche Menschen innerlich zugrunde richtet, ist eine sogenannte „Klugheit". Es ist eine menschliche Klugheit, und sie ereifert sich jedesmal, wenn sich das Göttliche zeigt. Sie scheint eine Tugend zu sein und ist widerwärtiger als das Laster. Sie will bei niemandem Anstoß erregen. Sie läßt zu, daß die Reichen in die Hölle gehen und ruft sie nicht zur Umkehr, wer weiß, was einem passieren könnte! Sie läßt zu, daß man sich in der Familie nebenan schlägt und vielleicht umbringt; es könnte heißen, man mische sich in fremde Angelegenheiten, oder man müßte am Ende als Zeuge vor Gericht stehen, und das bringt Unannehmlichkeiten! Sie rät den Heiligen, Maß zu halten, um nicht anzuecken. Sie schließt sich ab und verschließt sich, diese Klugheit, wie ein Schraubstock, weil sie aus der Furcht entspringt.

Vor allem hat sie es mit Gott. Denn wenn er durch seine getreuen Kinder zu stark in der Welt wirken würde, könnte es eine große Empörung geben, und diese Kinder könnten wieder wie Christus das Leben verlieren, von der Welt gehaßt wie er.

Sie ist eine trügerische Gabe, und ich glaube, sie wird gehegt und begünstigt vom Teufel, der in dieser Atmosphäre viel erreichen kann.

Einer besaß diese Klugheit nie: Jesus Christus. Als er auszog zu predigen, wollten sie ihn gleich beim ersten Mal umbringen. „Aber er schritt mitten durch sie hindurch und ging fort."

Wenn man das Leben Christi mit den Augen dieser Klugen betrachtet, könnte man es eine einzige Unklugheit nennen. Nicht nur das. Wenn diese Klugen folgerichtig dächten, würden sie schließen, daß er sich den Tod und das Kreuz selbst verdient habe — durch seine Unklugheit.

Ich glaube, es gibt kein Wort Jesu, das nicht im Widerspruch zu solchem Denken stünde. Denn Gott und das weltliche Denken stehen in vollkommenem Gegensatz zueinander, und nur, wer sich davon zu lösen weiß, um der Spur Christi zu folgen, läßt etwas für die Menschheit erhoffen.

WER SICH NICHT VON ALLEM LOSLÖST

„Keiner von euch, der sich nicht von allem loslöst, was er besitzt, kann mein Jünger sein."

„Keiner" — also sind die Worte Jesu an alle Christen gerichtet.

„Alles" — fordert er von jedem, der Christ sein will. Wir dürfen nicht einmal an unserem Innersten hängen (das auch zu unserem Besitz gehört), sondern müssen uns von allem trennen.

Und hierbei ist der Verlassene Jesus der universale Lehrer.

DAS LEBEN DER HEILIGEN

Das Leben der Heiligen ist bei aller Verschiedenheit ein einziges. Sie haben sich Gott hingegeben, und er hat sie in seine besondere „Kur" genommen und bildet in ihnen als großer Künstler und Höchste Liebe göttliche Meisterwerke. Vom Geist der Engel und vom Auge der Heiligen werden die Heiligen erkannt; auch von der Weisheit dessen, der in der Kirche über sie urteilen muß, denn er wird von einer besonderen Gnade erleuchtet. Für die anderen bleiben sie zumeist in ihrem innersten Wesen verborgen und unverstanden, weil im Heiligen mehr Gott lebt als der Mensch, und nur die reinen Herzens sind, schauen Gott.

Das Leben der Heiligen besteht aus Abgründen und Gipfeln. — Abgründige Tiefen, Nächte, schwarz wie die Hölle, dunkle Gänge, in denen die Seele von einem höheren Licht überflutet und in einer dunklen Beschauung geblendet wird. Durch die klare Erkenntnis des eigenen Nichts und der eigenen Erbärmlichkeit wird sie in ein Meer von Angst und fast von Verzweiflung eingetaucht. Der Heilige verbringt Monate, Jahre, in dem einzigen Wunsch, im Schoße Gottes zu sterben, von dem er sich manchmal unwiderruflich getrennt fühlt. Das Leben ist ein grausamer Tod und der Schlaf ein Trost, eine Kampfpause, fast eine Liebkosung für die verwundete Seele.

Lange Zeit hindurch schreit der Heilige nach Vergebung, nach Rettung, er, der nichts in seinem Herzen hat als nur mehr Gott, seinen Gott . . .

Dann führt der göttliche Meister die Seele des Heiligen, nachdem er sie lange in einem Schmelztiegel, dem Fegfeuer vergleichbar, bearbeitet hat, allmählich hinüber in ein heiteres, erfülltes, leuchtendes, tatenreiches und gegen jeden Stoß gefeites Leben. Aber in ihr lebt jetzt nicht mehr sie selbst, sondern glorreich und stark, geehrt und beachtet der Schöpfer und Herr jedes menschlichen Herzens.

Zu dieser Stunde blüht im Heiligen eine unbekannte und ungewohnte göttliche Kraft auf. Sie vereinigt in seinem Geist die gegensätzlichsten Tugenden: die Sanftmut und die Stärke, die Barmherzigkeit und die Gerechtigkeit, die Einfalt und die Klugheit. Er freut sich des Lebens in Gott und bringt seinem Herrn „Opfer des Jubels" dar mit einer Freude, die die Welt nicht kennt, und er ist gezwungen zu sagen, daß kein Traum dem göttlichen und wunderbaren, von Liebe erfüllten und fruchtbaren Leben gleichkommt, das er besitzt.

Und Gott gebraucht ihn für seine großen Werke, mit denen er die himmlische Stadt schmückt und aufbaut, die Kirche, die bestimmt ist, als schöne und würdige Braut Christi, ihres Gründers, zu Gott emporzusteigen.

Der Mensch besitzt nur ein einziges Leben; das beste für jeden ist, es in die Hände dessen zurückzulegen, der es ihm gegeben hat. Das würde für den vernunftbegabten und freien Menschen die größte Tat der Klugheit sein und gäbe ihm die Möglichkeit, seine Freiheit zu bewahren und auf eine göttliche Ebene auszuweiten; es wäre die Vergöttlichung des eigenen erbärmlichen Daseins im Namen dessen, der gesagt hat: „Ihr seid Götter."

ZEUGEN CHRISTI

Wir Christen tragen eine große Verantwortung, denn wir müssen Zeugen Christi sein. An unserem Verhalten sollten andere die Botschaft ablesen können, die Jesus auf die Erde gebracht hat.

Manchmal aber legen wir ein schwaches Zeugnis für Christus ab oder gar keines oder ein irgendwie entstelltes. Je nach Charakter und Verfügbarkeit für das Wirken der Gnade vermitteln die Menschen eine Vorstellung von Jesus, nach ihrem eigenen Ebenbild. Darum folgert die Welt aus den Tatsachen, die sie beobachtet, daß etwa durch die Religion sich der Mensch duckt, aber im Innersten seinen Willen aufrechterhält. Denn wer sich Jünger Christi nennt, aber nicht Christus, sondern noch das eigene Ich in sich leben läßt, wirft durch seine Person einen Schatten auf den Glauben, zu der er sich bekennt. Infolgedessen verewigt sich die tragische Trennung der Fernstehenden von denen, die mit der göttlichen Liebe die Welt an sich ziehen und zum Herrn bringen sollten. Die Religion gefällt also nicht, weil sie verfälscht ist. Dabei bleibt auch in den ungläubigsten Menschen die Bewunderung, die — wenn auch unausgesprochene — Achtung vor dem Missionar, der für Gott alles aufgibt und sich an verlorene Küsten wagt, oder vor dem Martyrer, der sein Leben mit der Hingabe seines Blutes vollendet. Denn das Christentum ist entweder echt und ganz, oder es ist gar nichts.

Das gilt für viele Fälle, die offen zutage liegen. Aber auch wenn wir uns auf eine höhere Ebene begeben, wenn wir Menschen begegnen, die sich mit wahrer Großmut Gott geschenkt haben, finden wir nicht selten wieder Fehler, die Anstoß erregen und die Schönheit unseres Glaubens verdunkeln. Da hat jemand, auch bei gutem Willen, kein vollständiges Bild vom Christentum, aber der Begriff, den dieser Christ sich gebildet hat, ist nicht immer Folge des Egoismus oder anderer Fehler.

Manchmal ist der Lebensweg auf unserem Planeten so hart, manchmal ist dieses „Tal" so voller Tränen, daß der Mensch nur im Kreuz Trost findet. Er klammert sich daran, es wird zu seinem Banner, er zeigt es den anderen, führt sie dazu, es zu lieben, aber ... er bleibt dabei stehen.

Er kommt nicht weiter, er liebt mit ganzem Herzen und auch in der Tat, aber er glaubt nicht genügend an die Liebe Gottes zu ihm und zu allen Menschen.

Das österliche Geheimnis bezeugt uns, daß Jesus das Leben ist, das den Tod überwindet, das Licht, das die Finsternis durchbricht, die Fülle, welche die Leere zunichte macht.

Das ist im Grunde das Christentum: das Kreuz ist darin wesentlich, aber als Mittel, die Träne als Vorbotin der Tröstung und die Armut weist auf den Besitz des Reiches voraus, die Reinheit öffnet den Zugang zum Himmel, Verfolgung und Sanftmut sichern die Eroberung der Ewigkeit und die Entfaltung der Kirche in der Welt.

Von den fünfzehn Geheimnissen des Rosenkranzes sind fünf freudenreich, fünf schmerzhaft und fünf glorreich. Daraus sehen wir, daß der Christ immer hoffen darf, daß er auch an der Schwelle des Martyriums singen kann, wie es die ersten Christen taten. Denn die Fülle der Freude, die Jesus dem, der ihm folgen würde, versprochen und erfleht hat, ist unser Erbteil.

Bei der jährlich wiederkehrenden Osterfeier erbitten und wünschen wir uns, möglichst unverfälschte und in unserer Begrenztheit, vollständige Zeugen Christi zu sein. Er hat uns für sich gewonnen in der Kirche, die zu verschönern auch wir mithelfen können, damit der Mensch, der in der Welt unterwegs ist, sie sehen und erleichtert und zuversichtlich sagen kann: „Ja, sie ist die wahre!"

EINE ANDERE MARIA

Eines Tages trat ich in eine Kirche ein, und mit einem Herzen voll Vertrauen fragte ich Ihn: „Warum wolltest du auf der Erde bleiben, an allen Punkten der Erde, in der wunderbaren Eucharistie, und hast keinen Weg gefunden, du, der du Gott bist, uns auch Maria zu lassen, unser aller Mutter hier auf der Pilgerschaft?"

Im Schweigen schien er zu antworten: „Ich habe sie euch nicht gelassen, weil ich sie in dir wiedersehen will. Auch wenn ihr keine Immakulata seid, meine Liebe wird euch jungfräulich machen, und ihr werdet mütterlich eure Herzen und eure Arme den Menschen öffnen, die wie damals Durst haben nach ihrem Gott und nach seiner Mutter. An euch ist es jetzt, die Schmerzen zu lindern, die Wunden zu heilen, die Tränen zu trocknen. Singe die Litanei und suche in ihren Anrufungen dein Bild!"

DAS HERZ WEITMACHEN

Wir müssen das Herz weitmachen nach dem Maß des Herzens Jesu. Welche Arbeit! Aber es ist die einzig notwendige. Ist dies getan, dann ist alles getan. Es handelt sich darum, einen jeden, der zu uns kommt, so zu lieben, wie Gott ihn liebt. Und da wir im Ablauf der Zeit leben, sollen wir den einen Nächsten nach dem anderen lieben, ohne an dem hängen zu bleiben, dem wir eine Minute zuvor begegneten. So ist es derselbe Jesus, den wir in allen lieben. Stellen wir jedoch fest, daß wir an dem Bruder, der voraufging, im Herzen hängengeblieben sind, dann bedeutet das, daß wir ihn, nur um unsert- oder seinetwillen geliebt haben und nicht Jesus in ihm. Und das ist der Fehler.
Unsere wichtigste Aufgabe ist, die göttliche Reinheit zu bewahren, und das heißt: die Liebe im Herzen zu bewahren, mit der Jesus liebt. Um rein zu sein, ist es nicht nötig, das Herz zu berauben und die Liebe darin zu unterdrücken. Man muß sein Herz vielmehr weitmachen wie das Herz Jesu und *alle* lieben.

Wie eine heilige Hostie von den Milliarden Hostien auf der Erde genügt, sich von Gott zu nähren, so genügt ein Bruder — der nämlich, den der Wille Gottes

gerade neben uns stellt — uns mit der ganzen Menschheit, dem Mystischen Jesus, zu vereinigen.

Und, sich einzumachen mit dem Bruder, ist das zweite
Gebot, jenes, das sogleich nach der Gottesliebe kommt
und ihr Ausdruck ist.

NICHT SICH LIEBEN LASSEN, SONDERN LIEBEN

Was in der Liebe zählt, ist — lieben! Das gilt für diese Welt. Die Liebe — ich spreche von der übernatürlichen Liebe, die die natürliche Liebe nicht ausschließt — ist eine sehr einfache und sehr umfassende Sache. Sie erfordert deinen Teil und erwartet den Teil des anderen.

Wenn du versuchst, aus der Liebe zu leben, wirst du bemerken, daß es dir auf dieser Erde zukommt, deinen Teil zu tun; ob der des anderen jemals getan wird, weißt du nicht; er braucht auch nicht getan zu werden. Du wirst manchmal enttäuscht werden, aber du wirst nie den Mut verlieren, wenn du überzeugt bleibst: was in der Liebe zählt, ist — lieben!

Und Jesus im Bruder lieben, Jesus, der immer zu dir zurückkehrt, wenn auch auf anderen Wegen.

Er macht deine Seele zu Stahl gegen die Unwetter der Welt und läßt sie in Liebe zerfließen gegen alle, die um dich sind, wenn du nur immer daran denkst: was in der Liebe zählt, ist — lieben!

BARMHERZIGKEIT WILL ICH
UND NICHT OPFER

Wenn wir den Schmerz in all seinen schlimmsten Schattierungen erfahren haben, in den verschiedensten Ängsten, und wenn wir die Hände zu Gott ausgestreckt haben in stummem, qualvollem Flehen, im Rufen nach Beistand, in unterdrücktem Hilfeschrei; wenn wir den Kelch bis auf den Grund geleert haben und wenn wir Gott Jahre und Tage hindurch unser Kreuz aufgeopfert haben, vereint mit dem seinen, durch das es göttlichen Wert erhält, dann hat Gott Mitleid mit uns und nimmt uns auf in seine Einheit.

Nachdem wir den einzigartigen Wert des Schmerzes erfahren haben, nachdem wir an die Weisheit des Kreuzes geglaubt und seine heilsame Wirkungen gesehen haben, ist dies der Augenblick, in dem uns Gott in einer neuen und höheren Weise etwas zeigt, was noch mehr gilt als der Schmerz. Es ist die Nächstenliebe in der Gestalt der Barmherzigkeit, die Liebe, die Herz und Arme weit werden läßt für die Elenden, die Bettler, die vom Leben Zerschlagenen, für die reumütigen Sünder.

Eine Liebe, die den abgeirrten Nächsten, einen Freund, Bruder oder Unbekannten, zu empfangen weiß und ihm ungezählte Male verzeiht.

Die Liebe, die einem zurückkehrten Sünder ein grö-

66

ßeres Fest bereitet als tausend Gerechten und die Gott Verstand und Güter überläßt, damit „er" dem verlorenen Sohn seine Freude über die Rückkehr zeigen kann.

Eine Liebe, die nicht mißt und nicht gemessen wird.

Es ist eine aufgeblühte Liebe, reicher, umfassender und wirklicher als jene, welche die Seele zuvor besaß.

Sie spürt Gefühle in sich wachsen, denen ähnlich, die Jesus hatte. Sie merkt, wie sich ihr für alle, denen sie begegnet, die göttlichen Worte auf die Lippen drängen: „Mich erbarmt des Volkes".

Und da sie ein wenig zum Abbild Christi geworden ist, kommen viele Sünder zu ihr, und sie führt Gespräche mit ihnen, ähnlich wie Jesus damals mit Magdalena, mit der Samariterin oder mit der Ehebrecherin.

Die Barmherzigkeit ist der äußerste Ausdruck der Liebe, jener, die sie zur Vollendung bringt.

Und die Liebe steht höher als der Schmerz, den es nur in diesem Leben gibt, während die Liebe auch im anderen fortdauert.

Gott zieht die Barmherzigkeit dem Opfer vor.

WER TRÖSTET IHRE TRÄNEN?

Herr, gib mir alle, die einsam sind ... Ich habe in
meinem Herzen den Schmerz gespürt, der dein Herz
erfüllt über alle Verlassenheit, unter der die ganze
Welt leidet.

Ich liebe alle, die krank und einsam sind.
Wer tröstet ihre Tränen?
Wer beweint ihren langsamen Tod?
Und wer drückt an sein Herz das verzweifelte Herz?

Laß mich, mein Gott, in der Welt das spürbare Sakra-
ment deiner Liebe sein, deine Arme, die alle Einsamkeit der Welt an sich ziehen und sie in Liebe verzeh-
ren.

DIE ZEIT ENTFLIEHT MIR SCHNELL

Die Zeit entflieht mir schnell,
Herr, nimm mein Leben an!
Dich trag ich im Herzen; du bist der Schatz,
der mein Leben beseelen soll.
Behüte mich, achte auf mich;
dein ist mein Lieben: meine Freude und mein Leid.
Niemand vernehme eine Klage.
In dir wie im Tabernakel verborgen
will ich leben und mich mühen für alle.
Nur für dich soll meine Hand sich rühren,
nur dir gehöre jeder Laut meiner Stimme.
In mir armseligem Menschen
kehre deine Liebe
zurück in die Wüsten der Welt
mit dem Wasser, das überreich quillt
aus deiner Wunde, o Herr!
Erhelle, göttliche Weisheit,
die dunkle Trauer von vielen,
von allen.
Maria leuchte in ihnen auf.

DIE LIEBE SEIN

Da ist einer, der handelt aus Liebe. Da ist ein anderer, der handelt und sucht dabei „Liebe zu sein". Wer alles aus Liebe tut, kann es gut machen, aber während er glaubt, einem Bruder, vielleicht einem kranken, einen großen Dienst zu erweisen, kann er ihn langweilen mit seinem Gerede, mit seinen Ratschlägen, mit seiner Hilfe; mit einer mißlungenen und lästigen Liebe.

Der Ärmste: er hat einen Verdienst, aber der andere hat eine Last.

Das ist es: man muß die Liebe sein.

Unsere Bestimmung ist wie die der Sterne: wenn sie kreisen, sind sie, wenn sie nicht kreisen, sind sie nicht. Wir sind — in dem Sinne, daß nicht unser Leben, sondern das Leben Gottes in uns lebt —, wenn wir keinen Augenblick aufhören zu lieben.

Lieben stellt uns in Gott, und Gott ist die Liebe.

Aber die Liebe, die Gott ist, ist Licht, und mit dem Lichte sieht man, ob unsere Weise, dem Bruder zu begegnen und zu helfen, dem Herzen Gottes gemäß ist, wie der Bruder es sich wünschen würde, wie er es sich erträumen würde, wenn er nicht uns an seiner Seite hätte, sondern Jesus.

Ich sah auf dem Gang eines Krankenhauses einen
Mann mit dem rechten Arm in Gips. Mit dem linken
half er sich in allem, so gut er konnte. Der Gips war
eine Qual, aber der linke Arm, wenn er auch am
Abend müde war, wurde kräftiger, weil er für zwei
arbeitete.
Wir sind einander Glieder, und der gegenseitige
Dienst ist unsere Pflicht.
Jesus hat uns das nicht nur geraten, er hat es uns ge-
boten.

Wenn wir jemandem aus Liebe einen Dienst erweisen,
halten wir uns nicht für heilig.
Wenn der Nächste nicht kann, müssen wir ihm helfen;
und ihm helfen, wie er sich selbst helfen würde, wenn
er könnte. Was wären wir sonst für Christen?
Wenn dann unsere Stunde kommt und wir der Liebe
des Bruders bedürfen, fühlen wir uns nicht gedemü-
tigt. Im Gericht wird Jesus sprechen: „Ich war krank,
und du hast mich besucht . . . ich war gefangen, war
nackt, war hungrig . . .“ Denn gerade im Leidenden
und Bedürftigen verbirgt sich Jesus am liebsten.
Wir fühlen also auch dann unsere Würde und danken
aus ganzem Herzen dem, der uns hilft; aber wir be-

wahren den tiefsten Dank für Gott auf, der das menschliche Herz als ein liebendes erschaffen hat; für Christus, der die Frohe Botschaft, vor allem „Sein Gebot", mit seinem Blut verkündet und unzählige Herzen zur gegenseitigen Liebe bewegt hat.

Durch dieses Gebot hat Jesus die Christen aller Jahrhunderte von denen unterschieden, die noch nicht in seine Kirche eingetreten sind.

Wenn wir Christen dieses Merkmal nicht an uns tragen, werden wir mit der Welt verwechselt und verlieren die Ehre, für Kinder Gottes gehalten zu werden. Und wir lassen törichterweise die vielleicht stärkste Waffe ungenützt, um Gott in unserer Umwelt zu bezeugen, die im Frost des Atheismus erstarrt, heidnisch, gleichgültig und abergläubig ist.

Diese Welt sollte voll Staunen ein Beispiel brüderlicher Eintracht sehen und von uns wie von unseren Vorgängern sagen: „Seht, wie sie einander lieben."

Wenn einer weint, müssen wir mit ihm weinen. Und wenn er lacht, uns mit ihm freuen. So wird das Kreuz geteilt und von vielen Schultern getragen, und die Freude vervielfältigt sich und gelangt zu vielen Herzen.

Eins werden mit dem Nächsten ist ein Weg, der Hauptweg, um eins zu werden mit Gott. Hauptweg, weil in dieser Liebe die beiden ersten und wichtigsten Gebote vereinigt sind.

Eins werden mit dem Nächsten aus Liebe zu Jesus mit der Liebe Jesu, bis der Nächste, von der Liebe Gottes in uns verwundet, mit uns eins werden will, in einem gegenseitigen Austausch von Hilfe, von Idealen, von Plänen, von Zuneigungen. Bis zwischen uns beiden die wesentlichen Grundlagen geschaffen sind, daß der Herr von uns sagen kann: „Wo zwei oder drei in meinem Namen vereinigt sind, bin ich mitten unter ihnen."

Das heißt: bis uns die Gegenwart Jesu, soviel an uns liegt, sicher ist und wir immer durch das Leben gehen wie eine kleine Kirche auf dem Wege; eine Kirche, auch wenn wir zu Hause sind oder in der Schule, in der Werkstatt oder im Parlament. Bis wir durch das Leben gehen wie die Jünger von Emmaus, mit Jenem Dritten unter uns, der all unserem Handeln göttlichen Wert gibt.

Dann sind wir es nicht, die handeln, erbärmlich und begrenzt, einsam und leidend. Es geht mit uns der Allmächtige. Und wer mit ihm vereint bleibt, bringt reiche Frucht; denn aus einer Zelle werden viele Zellen, aus einem Gewebe viele Gewebe.

Eins werden mit dem Nächsten in völligem Selbstvergessen, wie es jene besitzen, die nicht an sich, sondern an den Nächsten denken.

Das ist die Diplomatie der Liebe, die sich in vielem äußert und kundtut wie die gewöhnliche Diplomatie; so sagt sie nicht alles, was sie sagen könnte, weil es dem Bruder nicht angenehm wäre und Gott nicht gefallen würde; sie weiß zu warten, zu sprechen, ihr Ziel zu erreichen.

Göttliche Diplomatie des Wortes, das Fleisch wird, um uns göttlich zu machen.

Aber sie hat ein wesentliches und eigentümliches Gepräge, das sie von der Diplomatie unterscheidet, von der die Welt spricht. Für diese ist „diplomatisch" oft gleichbedeutend mit „hinterhältig" und geradezu mit „falsch".

Die göttliche Diplomatie hat dieses Große und Eigene,

das vielleicht nur sie besitzt: ihr Motor ist das Wohl des anderen; daher ist sie ohne jeden Anflug von Egoismus.

Dieses Lebensgesetz müßte jede Diplomatie durchdringen, und das ist möglich, denn Gott ist nicht nur Herr einzelner Menschen, sondern auch der Gemeinschaften und Nationen.

Wenn sich jeder Diplomat in seinem Handeln von der gleichen Liebe zum fremden Staat wie zum eigenen Vaterland leiten läßt, wird Gottes Hilfe ihm Licht schenken, um zwischen den Staaten Beziehungen aufzubauen, wie sie zwischen einzelnen Menschen sein sollten.

Die Liebe schenkt Licht und leitet uns; wer ein Amt hat, bekommt alles, was er braucht, um es gut zu verwalten.

Gott möge uns dabei helfen; machen wir uns bereit, daß der Herr von seinem Reich her sehen kann, wie sich etwas Neues verwirklicht: sein Testament unter den Völkern.

Uns mag das ein Traum scheinen, für Gott ist es die einzige Norm, die den Frieden in der Welt garantiert, die Potenzierung der Einheit jenes Stücks Menschheit, das endlich Jesus kennt.

DAS EXAMEN

Wenn du ein Student wärest und du hättest zufällig die Fragen des Schlußexamens erfahren, du würdest dich glücklich schätzen und die Antworten gründlich studieren.

Das Leben ist eine Prüfung, und am Ende ist auch da ein Examen zu bestehen. Aber die unendliche Liebe Gottes hat dem Menschen schon gesagt, welches die Fragen sein werden: „Ich hatte Hunger, und du gabst mir zu essen, ich hatte Durst, und du gabst mir zu trinken."

Die Werke der Barmherzigkeit werden der Examensstoff sein, jene Werke, in denen Gott sieht, ob man ihn wirklich geliebt, ob man ihm im Bruder gedient hat.

Vielleicht stellt darum der Papst, als Stellvertreter Christi, das christliche Leben oft so einfach dar, indem er die Werke der Barmherzigkeit hervorhebt.

Und wir erfüllen den Willen Jesu im Himmel und den seines Stellvertreters auf Erden, wenn wir unser Leben in ein ständiges Werk der Barmherzigkeit umwandeln. Im Grunde ist das nicht schwer und ändert nicht viel an dem, was wir bereits tun. Wir brauchen nur jede Beziehung zum Nächsten auf eine übernatürliche Ebene zu heben.

Was auch immer unsere Berufung sei: ob Vater oder Mutter, Bauer oder Angestellter, Abgeordneter oder Staatsoberhaupt, Student oder Arbeiter — den ganzen Tag über gibt es beständig Gelegenheit, mittelbar oder unmittelbar, die Hungernden zu speisen, die Unwissenden zu belehren, die Lästigen zu ertragen, den Zweifelnden recht zu raten, für die Lebenden und Verstorbenen zu beten.

Eine neue Einstellung zum Wohle des Nächsten bei jeder unserer Handlungen — und jeder Tag des Lebens wird helfen, uns auf den ewigen Tag vorzubereiten, und wir werden Schätze sammeln, die der Wurm nicht zerstört.

RICHTET NICHT

Der Christ ist berufen zu leben, im Lichte zu baden, sich in die Abgründe des Kreuzes zu werfen, nicht aber, schläfrig und müde zu sein. Unser Leben ist manchmal erloschen, der Geist getrübt, der Wille unentschlossen, weil wir in dieser Welt erzogen und gewohnt sind, ein eigensüchtiges Leben zu führen, das zum christlichen Leben im Widerspruch steht.
Christus ist Liebe, also muß der Christ auch Liebe sein. Und die Liebe bringt die Einheit hervor, die Einheit als Grundlage und Gipfel des christlichen Lebens.
In dieser Einheit geht der Christ nicht mehr allein zu Gott; er geht mit den Brüdern. Und das ist etwas so unvergleichlich Schönes, daß wir mit den Worten der Schrift sprechen: „Seht, wie schön und wie lieblich ist es, wenn Brüder einträchtig beisammen wohnen!"
Die brüderliche Einheit ist aber kein seliger Stillstand; sie will ständig erkämpft sein. Dabei wird sich immer ergeben, daß die Einheit nicht nur erhalten, sondern unter vielen ausgebreitet wird. Denn die Einheit, von der hier die Rede ist, ist Liebe, und es ist das Wesen der Liebe, sich zu verströmen.

Oftmals verliert die Einheit unter den Brüdern, die gemeinsam zu Gott gehen wollen, an Kraft, weil sich

Staub zwischen Seele und Seele setzt. Und der Zauber schwindet, weil das Licht, das unter ihnen aufgeleuchtet war, langsam erlischt.

Was ist dieser Staub? Ein Gedanke; oder das Herz hängt an sich selbst oder an den anderen, man liebt sich um seinetwillen und nicht um Gottes willen, man liebt den Bruder oder die Brüder nur um ihretwillen und nicht Gott in ihnen. Ein andermal zieht sich die Seele, die für die anderen lebte, zurück, konzentriert sich auf das eigene Ich, auf den eigenen Willen und nicht auf Gott, auf Gott im Bruder, auf den Willen Gottes.

Sehr oft aber ist dieser Staub auch ein schiefes Urteil über den, der mit uns lebt.

Wir hatten uns vorgenommen, Jesus im Bruder zu sehen, mit Jesus im Bruder zu verkehren, Jesus im Bruder zu lieben; aber nun erinnern wir uns wieder, daß der Bruder diesen oder jenen Fehler besitzt, diese oder jene Unvollkommenheit begangen hat.

Unser Auge ist nicht mehr klar, und wir selbst sind nicht mehr erleuchtet. Infolgedessen zerbricht die Einheit durch unsere Schuld.

Vielleicht hat dieser Bruder, wie wir alle, Fehler begangen. Aber wie sieht Gott ihn an? Wie ist in Wirklichkeit sein Zustand, wie steht es in Wahrheit mit ihm?

Wenn er sich mit Gott ausgesöhnt hat, erinnert dieser sich an nichts mehr, hat er alles mit seinem Blut ausgelöscht. Warum sollen wir uns noch erinnern?

Bei wem liegt jetzt der Fehler? Bei mir, der ich richte, oder beim Bruder? Bei mir!

Ich muß mich also darangeben, die Dinge mit dem Auge Gottes zu sehen, in der Wahrheit, und in entsprechender Weise dem Bruder begegnen. Wenn er das Unglück hätte, mit Gott nicht gut zu stehen, dann würde die Glut meiner Liebe, das ist Christus in mir, ihn zur Reue bewegen, wie die Sonne so viele Wunden heilt und vernarben läßt.

Die Liebe erhält sich nur in der Wahrheit, und die Wahrheit ist reine Barmherzigkeit, und damit müssen wir bekleidet sein vom Kopf bis zu den Füßen, wenn wir uns Christen nennen wollen.

Kehrt aber mein Bruder zurück, muß ich ihn neu sehen, als wäre nichts gewesen. Wir müssen das Leben mit ihm zusammen neu beginnen, wie das erste Mal, weil alles wieder gut ist. Unser Vertrauen wird ihm helfen, wenn er in der Gefahr steht, wieder zu fallen;

und wenn ich bei ihm so gemessen habe, darf ich hoffen, auch eines Tages von Gott so gerichtet zu werden.

WER LIEBT, WIRD GELIEBT WERDEN

Wenn wir Gott einmal erkannt, aber sein Licht nicht verdient haben, weil wir nicht wachsam waren in der Liebe und uns vom Kreuz niederwerfen ließen, statt seine Gnade auszunutzen, dann verwirrt sich die Seele in Dunkel und Angst und sucht Ihn.

Sie sucht die Liebe. Nach dem, der die Liebe ist, ruft sie, sie schreit manchmal und stöhnt. Aber sie findet ihn nicht. Findet ihn nicht, weil sie nicht liebt.

Gott gibt nicht nach. Er hat ein unveränderliches Gesetz. Himmel und Erde werden vergehen, und seine Worte kennen keine Ausnahme.

Die Seele hat keinen Anspruch auf die Liebe, bevor sie nicht liebt. Sie empfängt Liebe in dem Maße, wie sie Liebe hat.

Gott hat sie nach seinem Bild erschaffen und achtet in ihr die Würde, mit der er sie bekleidet hat. Es ist die Seele, die den Anfang machen und gleichsam als erste lieben muß, angeregt von der Gnade.

Dann kommt Gott, offenbart sich dem, der ihn liebt, gibt dem, der hat, und er wird in der Fülle bleiben.

Die Seele, die liebt, hat teil an Gott und fühlt sich als Königin. Sie fürchtet nichts. Jedes Ding erhält einen Wert für sie.

Man geht vom Tode zum Leben über, wenn man liebt.

DIE WELT BRAUCHT
EINE INVASION DER LIEBE

Die Welt ist voll von Unzufriedenheit, weil der Mensch die Quelle seines Glücks nicht gefunden hat.
Die Sterne glänzen am Himmel, weil sie sich bewegen; die Bewegung ist das Leben des Universums.
Der Mensch ist nur dann vollkommen glücklich, wenn er die Liebe, die Grundkraft seines Lebens, entzündet und lebendig erhält.
Auch wer sich glücklich nennt, weil er eine gute Ehe eingegangen ist, weil er eine Erbschaft gemacht hat, weil er im Überfluß lebt, auf die Jagd geht, Zerstreuungen hat, verspürt unausweichlich früher oder später eine Leere in seiner Seele.
Der Unglückliche hingegen, dem das Leben alles zu versagen scheint, besitzt, wenn er zu lieben beginnt, mehr als der Reiche und genießt auf der Erde die Fülle des Himmelreiches.
Das ist eine Wahrheit, das ist eine Wirklichkeit.
Die Menschen vergehen im Suchen nach Frieden, sie warten auf ihn, suchen ihn zu begründen, aber ehe ihre Sehnsucht sich erfüllt, kommt der Tod, von dem man wollte, er käme nie.
Die Kinder Mariens sind die Kinder der Liebe! Sie kämpfen mit der Waffe der Liebe, die das Leben des Menschen ist.

Ihr Kampf geht darum, Seelen und Gemeinschaften wieder in ihrer Ordnung zusammenzufügen, damit die Seelen mehr als die Sterne glänzen und die Gemeinschaften dauerhafte Sternbilder an dem ewigen Himmelszelt des Gottes der Lebendigen bilden.

Wenn der Mensch sähe, wie Gott die Menschen sieht, es würde ihn schaudern.

Denn auch die Besten, durch Kunst oder Wissenschaft aus der Masse herausgehoben, haben nur einen Teil ihres Geistes entwickelt und das übrige verkümmern lassen.

Nur die Liebe, nur Gott kann die Seele mit einem Glanz erfüllen, der sie harmonisch vollendet.

Eine Seele, die liebt, ist eine kleine Sonne in der Welt, die Gott ausstrahlt.

Eine Seele, die nicht liebt, vegetiert dahin; sie ist wenig von der Kirche, ist nichts von Maria, das Gegenteil von Christus.

Die Welt braucht eine Invasion der Liebe, und das hängt von einem jeden ab. Der Mensch, der in der Gnade Gottes lebt, ist das Staubecken dieses kostbaren Elements.

Täglich sterben die Menschen in endloser Zahl, auch die Großen, und es bleibt wenig von ihnen. Geht ein

Heiliger ins ewige Leben ein, so wacht er, da der Herr ihn ruft, zu demselben, nur verwandelten Leben wieder auf, und alle reden von ihm. Sein Andenken geht von Geschlecht zu Geschlecht, und viele folgen seinem Beispiel.

An dem Lager, auf dem der entseelte Leib eines Heiligen ruht, gelingt es keinem, an den Tod zu denken, aber alle begreifen, was das Leben ist.

Die Liebe stirbt nicht, und, weil sie dient, ist sie Königin. König und Königin im Gefolge jener, die als Magd des Herrn zur Königin des Weltalls erhöht wurde.

FEUER AUF DIE ERDE ZU WERFEN . . .

Wenn man in einer Stadt an verschiedenen Stellen Feuer legt, auch nur ein kleines Feuer, das aber allen Versuchen, es auszulöschen, widersteht, wird in kurzer Zeit die ganze Stadt brennen. Wenn man in einer Stadt an den verschiedensten Stellen das Feuer entzündet, das Jesus auf die Erde gebracht hat, und dieses Feuer widersteht dem Frost der Welt, weil die Einwohner soviel guten Willen haben, werden wir in kurzer Zeit die Stadt mit der Liebe Gottes entzünden.

Das Feuer, das Jesus auf die Erde gebracht hat, ist er selbst, die Liebe; die Liebe, die nicht nur den Menschen mit Gott verbindet, sondern auch die Menschen untereinander.

Wo solch ein göttliches Feuer entbrannt ist, triumphiert Gott in Menschen, die sich ihm geschenkt haben. Sie sind eins mit ihm und deshalb auch untereinander.

Zwei oder mehr Menschen, die im Namen Jesu eine Einheit geworden sind, die Furcht und Scheu überwunden haben, sich gegenseitig und rückhaltlos ihre Sehnsucht nach der Liebe Gottes mitzuteilen, ja, in der Einheit in Christus ihr Ideal sehen, sind eine göttliche Macht in der Welt.

Solche Menschen kann es überall geben, in jeder Stadt, in Familien: Vater und Mutter, Sohn und Vater, Mutter und Schwiegermutter. In Pfarreien, Vereinen, Gewerkschaften, Schulen, Betrieben, Behörden, überall. Diese Menschen brauchen nicht schon Heilige zu sein, sonst hätte Jesus es gesagt; es genügt, daß sie im Namen Jesu vereint sind und in dieser Einheit nie nachlassen. Bestimmt bleiben sie nur kurze Zeit zu zweit oder dritt, denn die Liebe breitet sich von selbst aus und nimmt in unvorstellbarem Maße zu.

Jede kleine Zelle, jedes kleine Feuer, das Gott an einem Punkt der Erde entzündet, wird sich notwendigerweise ausbreiten, und seine Vorsehung wird dieses Feuer, die Herzen, die von seiner Liebe brennen, verteilen, wo sie es für gut hält. So wird die Welt an vielen Orten durch die Wärme der Liebe Gottes belebt werden und wieder Hoffnung bekommen.

Es gibt ein Geheimnis, damit diese brennende Zelle sich ausbreitet und ein Gewebe wird, das die Glieder des Leibes Christi belebt. Diejenigen, die diese Zelle bilden, müssen sich in das Abenteuer des Christseins stürzen, das bedeutet, sie müssen aus jedem Hindernis ein Sprungbrett machen, sie dürfen das

Kreuz nicht „ertragen", es mag aussehen, wie es will, sondern müssen es erwarten und es Minute um Minute umarmen, wie es die Heiligen taten.

Sagen, wenn es kommt: „Das habe ich gewollt, Herr! Ich weiß, daß ich zur pilgernden Kirche gehöre, wo man auch kämpfen muß. Ich weiß, daß mich die Kirche in der Vollendung erwartet, wo ich dich für alle Ewigkeit sehen werde. Hier auf Erden ziehe ich den Schmerz jeder anderen Sache vor, weil du mir mit deinem Leben gesagt hast, daß da der wahre Wert verborgen ist."

Wenn die Seele dem Herrn ihr Ja gesagt hat, dann muß sie mit aller Fülle den gegenwärtigen Augenblick leben, sie darf nicht an sich denken, nicht an das eigene Leid, sondern an das der anderen, oder an die Freuden der anderen, an denen sie Anteil nehmen muß, oder an die Lasten der anderen, die sie mit ihnen tragen muß, oder an die Erfüllung der eigenen Pflichten, auf die nach dem Willen Gottes die ganze Wachheit des Geistes gerichtet sein muß, die Hingabe des ganzen Herzens, der Einsatz aller Kräfte, und die dadurch zu einem beständigen Gebet erhoben werden.

Das ist das „Carpe diem" (Nutze den Tag) des Christen, das kleine Geheimnis, mit dem wir Stein um

Stein die Stadt Gottes um uns und in uns erbauen und das uns schon auf der Erde in den göttlichen Willen einfügt, der Gott selbst ist, der Ewig-Gegenwärtige.

DAS VERMÄCHTNIS JESU

Die Worte eines Vaters sind immer kostbar, weil man dem glauben muß, der aus Liebe spricht. Aber die letzten Worte, die der Vater vor seinem Sterben sagt, prägen sich in die Seele der Kinder ein und haben so viel Gewicht wie alle anderen Worte zusammengenommen: sie sind sein Vermächtnis.

Die väterliche Liebe ist nichts im Vergleich zur Liebe eines Gottes.

Auch der menschgewordene Gott, Jesus, hat gesprochen. Auch von ihm gibt es ein Vermächtnis: „Daß sie eins seien . . . daß alle eins seien."

Wer sein Leben auf die Einheit ausrichtet, hat den Herzenswunsch Gottes getroffen.

Wir sind auf der Welt alle Brüder, aber jeder geht am anderen vorbei und kennt ihn nicht. Und das geschieht auch unter den getauften Christen.

Es gibt die Gemeinschaft der Heiligen, den Mystischen Leib. Aber dieser Leib gleicht einem Netz *dunkler* Gänge.

Es ist möglich, sie zu erleuchten.

Als Jesus sich betend an den Vater wandte, wollte er nicht nur, daß das Leben der Gnade in vielen einzelnen sei. Er wollte einen Himmel auf Erden: die Einheit aller mit Gott und untereinander. Er wollte ein Netz *erleuchteter* Gänge: die Gegenwart Jesu nicht nur in den Herzen jedes einzelnen, sondern auch in den Beziehungen aller untereinander.

Das ist sein Vermächtnis, der brennendste Wunsch Gottes, der sein Leben für uns hingegeben hat.

JESUS IN UNSERER MITTE

Wenn wir eins sind, ist Jesus unter uns. Und das zählt. Es zählt mehr als jeder andere Schatz, den unser Herz besitzen kann: mehr als die Mutter, der Vater, die Brüder, die Kinder. Es zählt mehr als das Haus, die Arbeit, das Eigentum; mehr als die Kunstwerke einer großen Stadt wie Rom, mehr als unsere Geschäfte, mehr als die Natur, die uns umgibt mit Blumen und Wiesen, dem Meer und den Sternen; mehr als unsere Seele.
Er ist es, der seinen Heiligen seine ewigen Wahrheiten eingibt, der Epoche macht in jeder Epoche.
Auch jetzt ist seine Stunde. Nicht die eines Heiligen, sondern die seine: *Jesus unter uns*, Jesus, der in uns lebt, die wir in der Einheit der Liebe seinen Mystischen Leib erbauen.
Aber man muß Christus ausbreiten, ihn hineinwachsen lassen in andere Glieder, wie Er Träger eines Feuers werden, das alles Menschliche ins Göttliche, in die gelebte Liebe, umschmilzt.
Alle eins, und in allen der Eine!
Und dann leben wir das Leben, das er uns gibt, Augenblick für Augenblick.
Die Bruderliebe ist das Grundgebot. Darum hat alles Wert, was Ausdruck der reinen brüderlichen Liebe ist.

Nichts von dem, was wir tun, hat Wert, wenn sich darin nicht die Liebe zu den Brüdern findet. Denn Gott ist Vater und trägt in seinem Herzen immer und einzig die Kinder.

DIE GOLDENE STADT

Ich stelle mir eine goldene Stadt vor, in der das
Göttliche, gleißend von Licht, im Vordergrund steht,
und das Menschliche den Hintergrund bildet und in
den Schatten tritt, um das Licht noch mehr aufleuchten zu lassen.

Jede Kirche, jeder Tabernakel leuchtet heller als die
Sonne, weil hier der Inbegriff aller Liebe ist. In der
Seele dessen, der die Kirche leitet, in den Verantwortlichen, die dieser Gesellschaft, die vom Himmel
auf die Erde herabgekommen ist, Form geben, finde
ich unzählige herrliche Perlen. Es sind die Gnaden,
die Gott durch die Hände von Maria in diesen Kanal
hineingibt, der nur dazu dient, mich mit Licht zu erfüllen und mit himmlischem Honig zu sättigen,
mehr als eine Mutter, die ihr Kind nährt.

Wenn ich mich in Gott sammle, das Buch des Lebens
öffne und die unvergänglichen Worte lese, klingt in
meiner Seele eine leuchtende Harmonie auf, und der
Geist Gottes durchstrahlt mich mit seinen Gaben.

Begegne ich einem Menschen, gleich, ob vornehm
oder Bettler — jedes Gesicht verwandelt sich mir in
das schönste Antlitz überhaupt, das des mensch-
gewordenen Wortes, das Licht vom Licht ist.

Trete ich in das Haus von Brüdern, die sich lieben, von Familien, die in Christus vereint sind,

94

dann sehe ich einen göttlichen Abglanz der Dreifaltigkeit, dann höre ich von der Gemeinschaft das Wort ausgesprochen, das Leben ist: Gott.

Gott ist das Gold meiner Stadt, vor dem die Sonne verblaßt, der Himmel klein wird, jede Pracht und Herrlichkeit der Natur zurückweicht, selig, ihm dienend Rahmen zu sein.

Und diese Stadt ist in jeder Stadt, und wir alle können sie sehen, wenn nur unser Herz, sich selbst vergessend, in Gott erlischt und in ihm das Feuer der göttlichen Liebe entbrennt.

WENN DIE EINHEIT VOLLKOMMEN IST

Wenn die Einheit mit den Brüdern vollkommen ist, wenn sie aus Schwierigkeiten neu und in größerer Fülle erblüht, wie die Nacht in den Tag übergeht und die Tränen in Trost, dann finde ich sehr oft dich, Herr.

Kehre ich zurück in den Tempel meiner Seele, so begegne ich dir; oder du lädtst mich ein, kaum daß mir ein Augenblick der Ruhe gegeben ist, und ziehst mich sanft, aber entschieden in deine göttliche Gegenwart.

Dann herrschest nur du in mir und um mich, und das Haus, das du mir für die Pilgerfahrt dieses Lebens zur Benutzung gabst, weiß ich und nenne ich Wohnung meines Gottes.

Diese deine Gegenwart ist Liebe, aber eine Liebe, die die Welt nicht kennt.

Die Seele ist in diesen köstlichen Nektar eingetaucht, und das Herz scheint der Kelch geworden zu sein, der ihn enthält. Die Seele ist ganz ein schweigender Gesang; du kennst ihn; eine Melodie, die dich erreicht, weil sie von dir ausgeht und du sie ersonnen hast.

Dieses sind Augenblicke, in denen der Friede vollkommen ist und die Gewißheit des Heils unerschütterlich scheint, in denen man sich hier auf der Erde im Himmel glaubt.

Und, etwas Seltsames, seltsam für den menschlichen Verstand: wir sind den ganzen Tag zu den Brüdern gegangen, und am Abend haben wir den Herrn gefunden, und er hat jede Spur, jede Erinnerung an das Geschöpf ausgelöscht.

In diesen Augenblicken scheint es, als wenn wir den Glauben nicht brauchten, den Glauben an sein Dasein. Er, der unser Haus mit Freude erfüllt, der unser Anteil und einziges Erbe geworden ist, Er selbst hat uns gesagt, daß Er ist.

DER SCHLÜSSEL ZUM GEHEIMNIS

„Er nehme sein Kreuz . . ."

Seltsam und fremdartig, diese Worte! Wie die anderen Worte Jesu haben sie etwas von dem Licht, das die Welt nicht kennt. Sie leuchten so, daß die erloschenen oder abgestumpften oder schlaftrunkenen Augen der Menschen und auch der müden Christen geblendet werden und darum nicht sehen.

Vielleicht ist nichts rätselhafter als das Kreuz, nichts schwerer zu verstehen; es will nicht in den Kopf und in das Herz der Menschen. Es geht nicht ein, weil es nicht begriffen wird, weil wir Namenschristen geworden sind, gerade noch getauft; vielleicht erfüllen wir unsere kirchlichen Pflichten, sind aber bei weitem nicht so, wie Jesus uns wollte.

Man hört in der Fastenzeit vom Kreuz sprechen, man küßt es am Karfreitag, man hängt es in den Wohnungen auf, wir beginnen mit seinem Zeichen manche Handlungen, aber es wird nicht begriffen.

Vielleicht rührt diese Blindheit allein daher, daß in der Welt die Liebe nicht begriffen wird.

„Liebe" ist das schönste, aber auch das entstellteste, das geschändetste Wort.

Die Liebe ist das Wesen Gottes, sie ist das Leben der Kinder Gottes, sie ist der Atem des Christen, und doch ist sie zum Erbe, zum Monopol der Welt geworden. Sie ist auf den Lippen derer, die nicht das Recht hätten, sie zu nennen, die aber, die Armen, immer wieder davon sprechen, weil sie noch aus dem Sumpf, in dem sie leben, eine Sehnsucht nach dem Heiligsten verspüren.

Sicher, nicht alle Liebe in der Welt ist so. Da ist zum Beispiel die Mutterliebe, die der Schmerz geadelt hat; da ist die brüderliche Liebe, die eheliche Liebe, die Kindesliebe; sie sind gut, gesund; Spuren, vielleicht unbewußt, der Liebe des Vaters, des Schöpfers des Alls.

Aber was nicht begriffen wird, das ist die wahre, die göttliche Liebe: daß unser Schöpfer zu uns herabgestiegen ist als Mensch unter Menschen, mit uns gelebt hat, bei uns geblieben ist und sich für uns ans Kreuz nageln ließ, um uns zu retten.

Das ist zu hoch, zu schön, zu göttlich, zu wenig menschlich, zu blutig, schmerzlich, hart, um begriffen zu werden.

Vielleicht kann uns die Mutterliebe helfen, etwas zu verstehen. Die Liebe einer Mutter besteht nicht nur in Liebkosungen und Zärtlichkeiten; sie ist vor allem Opfer.

So auch bei Jesus: die Liebe hat ihn an das Kreuz getrieben. Viele halten das für Torheit; aber diese Torheit allein hat die Menschen gerettet, hat die Heiligen gebildet.

In der Tat, die Heiligen sind Menschen, die das Kreuz verstanden haben. Menschen, die in der Nachfolge Jesu, des Gottmenschen, das Kreuz eines jeden Tages aufgenommen haben als die kostbarste Sache von der Welt. Sie haben es manchmal als Soldaten Gottes wie eine Waffe geschwungen. Sie haben es ihr ganzes Leben geliebt. Sie haben erkannt und erfahren, daß das Kreuz der Schlüssel ist, der einzige Schlüssel, der einen Schatz, den Schatz, öffnet. Er schließt sacht und leise die Seelen auf zur Vereinigung mit Gott. Und Gott offenbart sich neu in der Welt und wiederholt, wenn auch in unendlich geringer, aber in ähnlicher Weise die Werke, die er einst vollbrachte, als er, Mensch unter Menschen, segnete, die ihn verfluchten, denen vergab, die ihn kränkten, rettete, heilte, Worte des Himmels predigte, Hungernde sättigte, eine neue Gesellschaft auf dem Fundament der Liebe erbaute und die Macht dessen zeigte, der ihn gesandt hatte.

Das Kreuz ist also jenes notwendige Werkzeug, mit dem das Göttliche ins Menschliche eindringt und der

Mensch in größerer Fülle am Leben Gottes teilnimmt und sich vom Reich dieser Welt zum Reich des Himmels erhebt.

Aber man muß sein Kreuz auf sich nehmen, es schon beim Aufwachen am Morgen erwarten, mit dem Wissen, daß allein durch das Kreuz jene Gaben zu uns kommen, die die Welt nicht kennt, jener Friede, jene Freude, jenes Wissen um die himmlischen Dinge, die so vielen unbekannt sind.

Das Kreuz, etwas ganz Allgemeines. So treu, daß es keinen Tag sein Stelldichein versäumt. Man braucht es nur aufzunehmen, um heilig zu werden.

Das Kreuz, das Sinnbild des Christen. Die Welt will es nicht; sie glaubt, wenn sie vor ihm fliehe, entfliehe sie dem Schmerz, und weiß nicht, daß es die Seele dessen, der begriffen hat, aufreißt für das Reich des Lichtes und der Liebe. Der Liebe, die die Welt so sehr sucht und nicht hat.

ICH MÖCHTE DER WELT BEZEUGEN . . .

Ich möchte der Welt bezeugen, daß der Verlassene Jesus jede Leere ausgefüllt, jede Finsternis erleuchtet, jede Einsamkeit begleitet, jeden Schmerz gestillt und alle Schuld ausgelöscht hat.

DAS LICHT HINGEGEN
MUSS ICH WEITERGEBEN

Zwei Dinge muß ich geheim halten, und das sind die
Liebe und der Schmerz. Die Liebe, weil es die Liebe
ist, mit der Er mich liebt oder Sich liebt in mir. Den
Schmerz, weil er die Liebe ist, mit der ich Ihn liebe.
Das Licht hingegen muß ich weitergeben.

WENN DAS WEIZENKORN
NICHT IN DIE ERDE FÄLLT...

Jesus starb und verließ dann die Erde; doch wollte er
an allen Punkten der Erde in der Eucharistie bleiben.
Er war Gott, und als göttlicher Same brachte er viel-
fältige Frucht. So müssen wir sterben, um uns zu ver-
vielfältigen . . .

FEIERE DEINE MESSE

Wenn du leidest, und dein Leiden ist so groß, daß es dich an jeder Tätigkeit hindert, dann erinnere dich an die Messe. In der Messe, heute wie damals, arbeitet Jesus nicht, er predigt nicht: Jesus opfert sich aus Liebe.

Im Leben kann man viele Dinge tun, viele Worte sagen, aber die Stimme des Schmerzes, vielleicht ungehört und unbemerkt von den anderen, des Schmerzes aus Liebe geopfert, ist das stärkste Wort: es erschüttert den Himmel.

Wenn du leidest, tauche deinen Schmerz in den Seinen: feiere deine Messe! Und wenn die Welt diese Dinge nicht versteht, laß dich nicht verwirren. Es genügt, daß dich Jesus, Maria, die Heiligen verstehen. Lebe mit ihnen, und laß dein Blut fließen zum Segen der Menschheit — wie Er.

Die Messe! Zu groß, um verstanden zu werden. Seine Messe, unsere Messe.

MEIN GOTT,
WARUM HAST DU MICH VERLASSEN?

„Heloi, heloi, lama sabacthani?" Das ist das Wort, das Jesus in seiner Verlassenheit geschrieen hat—in seiner Muttersprache.

Wieviel sagt mir dieser dein Schrei, geschrieen in der Sprache deiner Mutter!... Wenn der Schmerz jene Grenze erreicht, an der das ganze Leben stockt, dann — mit letzter Stimme — ruft man die Mutter, weil die Mutter die Liebe ist.

Aber du, als Sohn Gottes, hattest die Liebe in Gott und hast Gott gerufen.

Und als Mensch hattest du die Liebe auch in deiner Mutter: in der Unmöglichkeit, beide anzurufen, hast du den Vater mit der Stimme der Mutter gerufen.

Wie bist du schön in diesem unendlichen Schmerz, Verlassener Jesus!

Wir müßten hier sterben, wenn wir nicht auf dich blickten, der du, wie durch Zauber, alle Bitterkeit in Süßigkeit verwandelst; auf dich, an dem Kreuz, in deinem Schrei, dem äußersten Hangen und Bangen, in der völligen Untätigkeit, in dem lebendigen Tod, da du, erkaltet, dein ganzes Feuer auf die Erde geworfen hast und, zu Tode erstarrt, dein unendliches Leben über uns hast kommen lassen, das wir jetzt wie im Rausch leben.

Es genügt uns, wenn wir dir nur ein wenig ähnlich sind und unseren Schmerz mit dem deinen vereinen und ihn dem Vater darbringen können.

Damit wir das Licht hätten, verdunkelte sich dein Blick.

Damit wir die Einheit hätten, hast du die Trennung vom Vater gefühlt.

Damit wir die Weisheit hätten, hast du dich zur „Torheit" gemacht.

Damit wir uns mit der Unschuld bekleiden könnten, hast du dich zur „Sünde" gemacht.

Damit Gott in uns wäre, hast du ihn fern von dir gefühlt.

ICH HABE NUR EINEN BRÄUTIGAM

Ich habe nur einen Bräutigam auf der Erde: den gekreuzigten und verlassenen Jesus; ich habe keinen anderen Gott außer ihm. In ihm ist der ganze Himmel mit der Dreifaltigkeit und die ganze Erde mit der Menschheit.
Darum ist mein, was sein ist, und nichts anderes.
Und sein ist aller Schmerz und so auch der meine. Ich will durch die Welt gehen und ihn suchen in jedem Augenblick meines Lebens.
Was mir wehtut, ist mein.
Mein der Schmerz, der mich im Augenblick streift.
Mein der Schmerz der Menschen neben mir. Mein alles, was nicht Friede, Freude, was nicht schön, liebenswürdig, heiter ist . . .

So werde ich durch die Jahre gehen, die mir bleiben: durstig nach Schmerzen, nach Ängsten, nach Verzweiflung, nach Schwermut, nach Trennungen, nach Verbannung, nach Verlassenheit, nach Mißhandlungen, nach allem, was Er ist, und Er ist der Schmerz.
So werde ich das Wasser der Trübsal in vielen Herzen trocknen, die mir nahe sind, und durch die Einheit mit meinem allmächtigen Bräutigam auch in den fernen.

Ich werde vorübergehen wie ein Feuer, das verzehrt, was vergehen muß, und das nur die Wahrheit bestehen läßt.

Die große Sehnsucht unserer Zeit ist dies: in die höchste Beschauung eindringen und mit allen verbunden bleiben, als Mensch unter Menschen.

Ich möchte noch mehr sagen: sich in der Menge verlieren, um sie mit dem Göttlichen zu durchwirken, wie der Wein ein Stück Brot durchtränkt.

Ich möchte noch mehr sagen: Anteil nehmen an den Plänen Gottes mit der Menschheit und ein Gewebe von Licht über die Menge breiten und zur gleichen Zeit mit dem Nächsten die Schande, den Hunger, die Schläge, die kurzen Freuden teilen.

Denn die Sehnsucht unserer wie aller Zeiten ist das Menschlichste und Göttlichste, was man sich denken kann: Jesus und Maria; das Wort Gottes, Sohn eines Zimmermanns — der Sitz der Weisheit, eine Hausfrau.

Es gibt niemanden, glaube ich, der nicht wenigstens einmal, besonders in seiner Jugend, die Anziehungskraft des Klosters gespürt hätte.

Nicht die klösterliche Lebensform ist es, die uns anzieht, sondern etwas, was gerade dort zwischen den vier Wänden wie konzentriert erscheint und sich deutlich, auch von fern, wahrnehmen läßt.

In diesen Gemeinschaften, von denen die Welt durchsetzt ist wie die Nacht von Sternenbildern, findet sich das Licht der Gegenwart Gottes, einer Gegenwart, die lebendig hervortritt, weil sie auf dem Hintergrund von Menschen erblüht, die ihr armseliges Sein für Gott haben opfern und in den Schatten stellen wollen.

Sie sind in das Schweigen eingetaucht, diese Häuser der in Gott vereinten Brüder, aber sie sprechen durch die geheimnisvolle Kraft der himmlischen Dinge zu den Herzen der Menschen. Sie sprechen eine Sprache, die die Welt nicht kennt, sie reden von einer Seligkeit der Vereinigung mit Gott, nach der die Menschen sehnsüchtig verlangen.

Aber auch mein Haus kann die Atmosphäre dieser heiligen Stätten haben; auch die Wände meiner Wohnung können ein Reich des Friedens werden, Festungen Gottes inmitten der Welt.

Es ist nicht so sehr die äußere Unruhe, das voll aufgedrehte Radio des Mieters nebenan, der Lärm der Autos oder das Geschrei der Ausrufer, die meinem Hause den Zauber nehmen; es ist vielmehr jeder Lärm in mir, der aus meiner Wohnung einen Marktplatz macht ohne den Schutz von Mauern, weil ohne den Schutz der Liebe.

Der Herr ist in mir. Er möchte meine Handlungen bewegen, möchte mein Denken mit seinem Licht durchdringen, meinen Willen entzünden, mir das Gesetz meines Gehens und Stehens geben.

Aber da ist oft mein Ich, das ihn nicht leben läßt. Wenn das aufhören wird zu stören, dann wird Gott selbst von meinem ganzen Sein Besitz ergreifen, und er wird auch diesen Mauern die Pracht einer Abtei zu geben wissen und diesem Zimmer die Weihe einer Kirche, meinen Mahlzeiten die Schönheit einer liturgischen Handlung, meinen Kleidern den Duft eines geweihten Gewandes, der Türklingel und dem Telefon die freudige Note einer Begegnung mit den Brüdern, durch die das Gespräch mit Gott unterbrochen und doch weitergeführt wird.

Dann wird auf meinem Schweigen ein Anderer sprechen, und über meinem Erlöschen wird ein Licht aufgehen. Und es wird weithin leuchten, es wird diese Mauern, die ein Glied Christi, einen Tempel des Heiligen Geistes bergen, überschreiten und sie gleichsam weihen. Und andere Menschen werden in mein Haus kommen und mit mir den Herrn suchen, und in unserem gemeinsamen liebenden Suchen wird die Flamme anwachsen, wird der Ton der göttlichen Melodie ansteigen. Und mein Herz wird, wenn auch mitten in der Welt, nach nichts anderem mehr verlangen.

Christus wird mein Kloster sein, der Christus meines Herzens, Christus inmitten der Herzen.

JUNGFRAUEN HEUTE

Wie die moderne Zeit in der Technik und auf allen Gebieten des menschlichen Lebens ihre Entdeckungen, ihre Neuerungen und ihre besonderen Bedürfnisse hat, so bietet sie auch neue Formen des geistlichen Lebens an. Äußerungen, die vor einiger Zeit noch undenkbar schienen, treten an die Seite der anderen, die, ohne ihre Aktualität verloren zu haben, Jahrhunderte alt sind.

So gelangt zum Beispiel das gottgeweihte Leben, bisher in den Klöstern, den „Festungen Gottes", geborgen, durch die Säkularinstitute mitten in die Welt hinein.

Es ist das ein Fortschritt, eine Tatsache, die auf eine größere Reifung hinweist. Es offenbart sich darin einerseits die Liebe Gottes zur Menschheit, die immer nach dem Reinen und Göttlichen Verlangen trägt und der die Jungfrau zu dienen bestimmt ist. Anderseits aber wird darin auch, trotz aller Treulosigkeiten unseres Jahrhunderts, ein größeres Vertrauen des Herrn zu seinen Geschöpfen sichtbar, ein Vertrauen, das ohne weiteres mit entsprechenden Gnaden verknüpft ist.

Heute steht die gottgeweihte Jungfrau mitten im Getriebe der Welt: in den Büros, in den Schulen, in der Straßenbahn, selbst in den Gaststätten. Sie besitzt ungeachtet der ihrem Geschlecht eigenen Schwäche keinen Schleier mehr, sich zu verhüllen, keine Klostermauern, die sie beschützen könnten, kein Sprechgitter; weder den festen Tageslauf der Gemeinschaft, der das Leben ordnet und Zügel und Hilfe ist, noch das ständig wachsame Auge einer Oberin.

Es können also die äußeren Dinge weniger ihre Hingabe und ihr Versprechen stützen. Vielmehr ist eine innere Kraft notwendig, die die Jungfrau mitten in der Welt von dieser loslöst und sie beständig mit Dem verbunden hält, den sie sich erwählt oder besser der sie zur Braut erwählt hat und der seiner Natur nach mit der Welt unvereinbar ist.

Gewiß, es fehlt ihr der Zauber eines Kreuzganges, das Schweigen, die Klausur, die das Bewußtsein der Hingabe in ihr lebendiger erhalten würden. Aber es bleibt ihr als Bestärkung, als Ansporn und als Beispiel etwas Unvergleichliches, ein Stern auf ihrem Weg, der jedes andere Licht weit überstrahlt: die Jungfrau der Jungfrauen. Sie überragt an Schönheit und Erhabenheit, an Heiligkeit und Gnade nicht nur die Menschen, sondern auch alle Engel, und diese wie jene feiern sie als ihre Königin.

Maria lebte unter den Menschen, mitten in der Welt.

Aber es hat nie ein Geschöpf gegeben und wird nie eines geben, das mehr mit dem Herrn verbunden war als sie. Maria ist es, die den Jungfrauen von heute das Geheimnis der Vollkommenheit, des Aufstiegs zu Gott mitten im Getriebe der Welt zeigt.

Maria hat ihre eigene Berufung: sie ist Jungfrau, und sie ist Mutter; Mutter ihres Sohnes und durch ihn Mutter der ganzen Menschheit. Durch diese Jungfrau erhält das Kloster die Dimensionen der Welt. Maria ist in der Welt wie ein Brunnen, aus dem alle trinken können; sie ist voll Mütterlichkeit gegenüber allen, das lebendige, ganz reine und glühende Bild Gottes, der die Liebe ist. Sie ist gleichsam eine Inkarnation der Liebe. In ihr streckt die himmlische Vorsehung ihre Arme zur Menschheit aus, um ihr zu dienen, um Tränen zu trocknen, um Wunden zu heilen, um auf das Ewige hinzuweisen.

Die Jungfrau Maria besaß kein besonderes Kleid. Sie zog sich nach dem Geschmack ihrer Zeit an. Im Gedanken an Maria empfindet die Jungfrau von heute es deshalb nicht irgendwie als Mangel, daß sie sich kleidet wie die anderen. Im Gegenteil, diese ihre Kleider werden ihr teuer. Da sie sich soweit als möglich der Mode angleicht, die sie nicht mehr um ihretwillen liebt, sondern wegen der anderen, so gibt die Kleidung ihr die Möglichkeit, anderen Menschen, die Gott nicht kennen, die Flamme ihrer Gottesliebe zu bringen. Das Kleid wird zu einem Mittel, ihre Mission zu erfüllen, zu einer Waffe, für den Herrn zu streiten; und weil das Ziel ein so hohes ist, liebt man auch das Mittel.

Die Jungfrau Maria hatte keine anderen Gefährtinnen, die immer mit ihr zusammen gelebt hätten. Sie war allein mit Gott: mit Gott vor der Menschwerdung, mit Gott ihrem Sohn nach der Geburt, mit Gott im Himmel nach der Himmelfahrt.

Diese Einsamkeit war kein Hindernis für ihre Versenkung in Gott; im Gegenteil begünstigt gerade die Einsamkeit die mystische Vereinigung mit dem Herrn.

Die Jungfrauen von heute, die Gott in der dunklen Welt wie kleine Sterne an einem schwarzen Firmament ausgestreut hat, sind allein.

Sie sind nicht allein, weil die anderen sie nicht liebten, denn man sieht sehr oft, wie sich an ihnen das Wort der Schrift verwirklicht: „Zahlreicher werden die Kinder der Verlassenen sein als die der Vermählten." Sondern sie sind nur allein, weil Jesus selbst über die Jungfräulichkeit gesagt hat: „Nicht alle begreifen es." Die Jungfrauen werden gerade in dem, was sie als Heiligstes und Schönstes haben, nicht verstanden, ja manchmal um dessentwillen von der Welt gehaßt und verachtet. Und dann finden sie in Tränen und Blut ihre Nahrung, um ihre geistliche Mutterschaft fruchtbar machen zu können, und werden in der Gewißheit bestärkt, für den Ewigen zu arbeiten, für den, der jungfräulich am Kreuze starb und alle an sich zog.

Die Jungfrau in der Welt ist schön in ihrer Einsamkeit. Weil sie allein ist, ist sie mit Gott vereinigt, und weil mit Gott vereinigt, steht sie hoch und fern; hoch und fern, um die Menschheit weiter umarmen zu können und vielen wohlzutun wie der Bräutigam, der ihrem Herzen das Siegel der übernatürlichen Liebe eingeprägt hat.

Und allein durch ihr Dasein gibt sie Zeugnis von einem durch das Christentum wieder hergestellten Gleichgewicht: der Gleichheit zwischen Mann und Frau. Wenn schon der jungfräuliche Mann etwas Großes ist, in der Jungfrau findet sich diese Schönheit verdoppelt, da die Frau natürlicherweise dazu neigt, sich auf den Mann zu stützen. Wie eine Blüte im ersten Aufbrechen geschnitten und auf den Altar gestellt, singt die Jungfrau die Größe der menschlichen Seele, die für den Himmel geschaffen ist; für den Himmel, in dem wir nicht mehr so sehr Mann und Frau sein werden, sondern wie Engel.

Um einen Begriff davon zu bekommen, wie schön die Jungfrau ist, braucht man nur daran zu denken, was Gott von ihr hält. Wenn der Herr durch die Jahrhunderte hin in der Kirche ein Geheimnis offenbaren wollte für alle Menschen, wenn er eine Botschaft übermitteln oder einen Wunsch äußern wollte, dann hat er sich oft an die Jungfrauen gewandt als an seine zuverlässigsten Vertrauten. Sie waren gleichsam Antennen, die das Göttliche auffingen. Das Opfer und die Liebe machten sie in besonderer Weise feinfühlig, und wie eine „andere Maria" teilten sie als Mägde des Herrn durch die Kirche die Gabe an die Brüder aus.

WAS IST SCHÖNER?

Das Streitroß

Sein Huf scharrt die Erde.
Es wirft sich kühn
den Bewaffneten entgegen.
Es kennt keine Furcht,
es weicht dem Schwert nicht aus.
Über ihm klirrt der Köcher,
blitzen Lanze und Schild.
Schnaubend und schäumend verschlingt es den Weg,
läßt sich nicht halten, wenn die Trompete ertönt.
Hört es ihren Klang, so wiehert es auf.
Es wittert von ferne die Schlacht,
die Rufe der Führer, das Geschrei der Soldaten.

(Job 39, 21—25)

Wenn man die Schrift aufschlägt, und man liest im
Alten Testament die Beschreibung, die Gott von eini-
gen Tieren gibt, so entdeckt man, daß kein Dichter
und Maler diese Tiere so lebendig und glänzend besungen oder gemalt hat.
Es brauchte das Auge des Schöpfers, um solch präch-
tige Beschreibung einzugeben. Vielleicht ist unser

Auge nicht dazu erzogen, das Schöne zu sehen, oder es sieht nur einen begrenzten Ausschnitt des menschlichen Lebens, und nur das natürlich Schöne, weil wir die Seele nicht erzogen haben.

Das Bauernmädchen lebt immer in der an Spuren Gottes so reichen Natur, kommt es aber in die Stadt, dann kleidet es sich in die seltsamsten Farben, mit einer Disharmonie, die den Augen wehtut. Für dieses Mädchen ist das schön, und die größten Kunstwerke bedeuten ihm wenig oder nichts, weil es sie nicht versteht.

Aber in den Augen Gottes, was ist schöner: das Kind, das dich mit den unschuldigen Augen anblickt wie die lautere, lebendige Natur; oder das Mädchen, hell wie eine frische Knospe, die sich gerade öffnet; oder der welke, schlohweiße Greis, der, gebeugt und unbeholfen, vielleicht nur noch auf den Tod wartet?

Das Weizenkorn, das sich brüderlich an die anderen Körner schmiegt und mit ihnen vereint die Ähre bildet, das darauf wartet, zu reifen und sich zu lösen, um allein und unabhängig in der Hand des Bauern oder im Schoß der Erde zu sein, ist schön und voller Hoffnung.

Es ist aber auch schön, wenn es gereift ist und ausgesucht wird unter den anderen, um begraben zu wer-

den und das Leben, das es selbst enthält, an andere
Ähren weiterzugeben.
Es ist schön, es ist auserwählt für die zukünftigen
Ernten. Aber wenn es unter der Erde liegt, zusammen-
schrumpft und sein Dasein auf einen ganz kleinen
Punkt zusammenzieht; wenn es langsam vermodert
und stirbt, um einem Pflänzchen das Leben zu geben,
das verschieden von ihm ist, aber sein Leben enthält,
vielleicht ist es dann noch schöner.
Verschiedene Schönheiten.
Eine schöner als die andere.
Und die letzte die schönste.

Sieht Gott die Dinge so?
Diese Falten, die die Stirn der Greisin furchen, dieser
gebeugte und zittrige Gang, diese kurzen Worte voll
Erfahrung und Weisheit, dieser sanfte Blick von Kind
und Frau ineins, das ist eine Schönheit, die wir nicht
kennen.
Es ist das Weizenkorn, das im Verlöschen daran ist,
sich zu einem neuen Leben zu entzünden, verschieden
vom ersten, unter einem neuen Himmel.
Ich denke, daß Gott die Dinge so sieht und daß die
Annäherung an den Himmel bei weitem anziehender

ist als die verschiedenen Etappen auf dem langen Weg des Lebens, der im Grunde nur dazu dient, diese Pforte zu öffnen.

MARIA

Maria wird nicht leicht von den Menschen begriffen, obwohl sie sehr geliebt wird. Es ist oft leichter, in einem gottfernen Herzen Verehrung für sie als für Jesus zu finden.

Sie wird von allen geliebt.

Und der Grund ist der, daß sie Mutter ist.

Die Mütter werden überhaupt, besonders von den kleinen Kindern, nicht „begriffen", sie werden geliebt, und es kommt vor, daß ein Mann von achtzig Jahren noch im Sterben als letztes Wort „Mutter" sagt.

Die Mutter wird mehr vom Herzen als vom Verstande erfaßt; sie ist eher Poesie als Philosophie, da sie zu wirklich und zu tief, dem menschlichen Herzen zu nahe ist. Das gilt auch von Maria, der Mutter aller Mütter, an die alle Gefühle, alle Güte und Barmherzigkeit aller Mütter dieser Welt nicht heranreichen.

Jesus steht uns in gewisser Weise mehr gegenüber. Seine göttlichen strahlenden Worte sind zu verschieden von den unsrigen, um damit verwechselt zu werden. Sie sind auch ein Zeichen des Widerspruchs.

Maria ist friedlich wie die Natur, rein, hell, klar, maßvoll und schön; wie die Natur fern von der Welt im Gebirge, auf dem Lande, am Meer, im blauen oder gestirnten Himmel. Und sie ist stark, kraftvoll, geordnet, beständig, unbeugsam und reich an Hoffnung; wie in der Natur das Leben beständig neu aufblüht und in der duftigen Schönheit der Blumen und der Überfülle der Früchte wohltätig seine Gaben spendet.

Maria ist zu einfach und steht uns zu nahe, um „betrachtet" zu werden.

Sie wird von reinen und liebenden Herzen besungen, die dabei ihr Bestes, das sie in sich tragen, zum Ausdruck bringen.

Still trägt sie das Göttliche zur Erde wie eine sanft geneigte himmlische Ebene, die aus der schwindelnden Höhe des Himmels zur unendlichen Kleinheit der Geschöpfe herabsteigt.

Sie ist die Mutter aller und jedes einzelnen. Sie allein versteht in unnachahmlicher Weise mit ihrem Kinde zu stammeln und ihm zuzulächeln, so daß auch der Kleinste schon diese Liebkosung zu spüren und dieser Liebe mit seiner Liebe zu antworten weiß.

Maria begreift man nicht, weil sie uns zu nahe ist. Sie, die von Ewigkeit dazu bestimmt ist, den Menschen die Gnaden, die göttlichen Kleinodien ihres Sohnes, zu bringen, ist ständig bei uns und wartet und hofft, daß wir ihren Blick bemerken und ihre Gabe annehmen.

Und wer so glücklich ist, sie zu begreifen, den ent-
führt sie in ihr Reich des Friedens, wo Jesus König
ist und der Heilige Geist die Ruhe dieses Himmels.
Dort, gereinigt von unseren Schlacken und erleuchtet
in unserer Finsternis, werden wir sie betrachten, und
wir werden uns an ihr erfreuen, an diesem zweiten
Himmel, diesem Himmel für sich.
Hier sollen wir verdienen, daß sie uns auf ihren Weg
ruft, daß wir nicht klein im Geiste bleiben, mit einer
Liebe, die nur Bitte, Flehen, Forderung und Eigennutz
ist, sondern daß wir sie ein wenig kennen und ihr
Ehre erweisen.

EINE STADT GENÜGT NICHT

Wenn du eine Stadt für die Liebe Christi erobern willst, wenn du einen Ort in das Reich Gottes umwandeln willst, dann bedenke dein Vorhaben.

Nimm dir Freunde, die eines Sinnes mit dir sind. Mach dich eins mit ihnen im Namen Christi und fordere von ihnen, daß sie alle Dinge hinter Gott zurückstellen.

Dann schließe mit ihnen einen Bund: versprecht euch ewige und beständige Liebe, damit der Eroberer der Welt immer in eurer Mitte bleibe und euer Anführer sei; und wenn der alte Mensch in der Liebe vernichtet ist, wird euch bei jedem Schritt aufrichten, euch jede Träne trocknen, euch in jeder Freude anlächeln die Mutter der Schönen Liebe.

Dann nimm dir die Maße der Stadt.

Suche ihr geistliches Oberhaupt und geh mit deinen Freunden zu ihm.

Leg ihm deinen Plan dar. Wenn er nicht zustimmt, tu keinen Schritt; du würdest alles verderben.

Wenn er dir Ratschläge und Anweisungen gibt, nimm sie an wie einen Befehl, und mach sie zur Losung für dich und deine Freunde.

Bring ihm deine Ergebenheit zum Ausdruck, weil Christus dir dies befohlen hat, und biete ihm für seine schwere Aufgabe deine Hilfe, deinen geistlichen Beitrag an. Nimm dich dann der Elendsten an, der Zerlumpten, der Verlassenen, der Waisen, der Gefangenen.

Ohne dir Rast zu gönnen, eile mit den Deinen, um Christus in ihnen zu besuchen, sie zu trösten und ihnen zu zeigen, daß die Liebe Gottes ihnen immer nahe ist.

Wenn einer Hunger hat, bring ihm zu essen, und wenn er nackt ist, bekleide ihn.

Wenn dir Kleider oder Speise fehlen, erbitte sie mit Vertrauen vom ewigen Vater, weil sie für seinen Sohn Christus notwendig sind, dem du in jedem Menschen dienen willst, und er wird dich erhören.

Mit nützlichen Dingen beladen, eile durch die Straßen, steige die Treppen hinauf, in die Keller hinab, suche Christus in der Öffentlichkeit und im Verborgenen, auf den Bahnhöfen, in der Eisenbahn, in den Elendsvierteln und schenke ihm vor allem die Herzlichkeit deines Lächelns.

Dann versprich ihm ewige Liebe, damit dort, wo du nicht hinkannst, deine Gebete und deine Schmerzen hingelangen, vereint mit dem Opfer des Altares. Laß keinen allein und sei nicht engherzig mit deinen

Versprechungen, denn du kommst im Namen des Allmächtigen.

Während du den Herrn in den Brüdern erfreust, wird Gott daran denken, dich und deine Gefährten mit himmlischen Gütern zu erfüllen.

Teilt sie euch untereinander mit, damit das Licht nicht stocke und die Liebe nicht erlösche.

Wenn dein Vorgehen entschieden ist und deine Rede mit Weisheit gewürzt, werden viele dir folgen.

Teile diese deine Gefährten in verschiedene Gruppen. damit du mit ihnen die Stadt durchsäuern und sie mit der Liebe unterminieren kannst.

Und laß nicht nach.

Wenn die anderen dein Leben kennenlernen und mit eigenen Augen sehen, was für Gaben dir zuteil geworden sind, und dich bitten zu reden, dann sprich; aber den Kern deiner Ausführungen sollen die Dinge bilden, die du aus dem Leben gelernt hast.

Halte dich in deinen Worten an die Lehre der Kirche und an die Schrift, aus der ihr trinken sollt, du und deine Schar, als aus der ersten, sicheren, unerschöpflichen und ewigen Quelle. Ihr werdet dann, wenn der Hirte spricht, sein lebendiges Wort sein.

Wenn du die erhoben, unterstützt, erleuchtet und zufriedengestellt hast, die der Abschaum der Gesellschaft waren, dann hast du das Fundament für den Aufbau der neuen Stadt gelegt.

Nun versammle die Deinen und rufe ihnen die acht Seligkeiten ins Gedächtnis, damit sie nie den Geist Christi verlieren und vergessen, was er am meisten liebt.

Dann weite deinen Blick. Sage ihnen, daß jeder Nächste, reich oder arm, schön oder häßlich, klug oder nicht, Christus ist, der vorübergeht.

Deine Kampfschar, die Kampfschar Jesu und Mariä, stehe im Dienste des Nächsten, und jeder weine mit dem Weinenden, freue sich mit dem Fröhlichen, teile beständig Schmerzen und Freude unter jedem Opfer, ohne jemals nachzulassen.

Durchdringe dein Handeln mit dem tiefsten Gebet, das aus deinem Heer in völliger Einheit aufsteige, damit Christus von dieser Stadt so viel Ehre als möglich empfange.

Und wenn der Kampf etwas kostet, wisse, daß hier das Geheimnis des Erfolges liegt und daß der, der dich drängt, mit Blut bezahlt hat.

Vergib, und bete für den, der dich böse anblickt; denn wenn du nicht vergibst, wirst du kein Erbarmen finden. Und wenn der Schmerz dich zerreißt, singe: „Siehe da, mein Bräutigam, mein Freund, mein Bruder!", damit der Herr in der Stunde des Todes zu dir spreche: „Mach dich auf, eile, meine Freundin, meine Taube, meine Schöne, und komm!"

Das gilt für eine Stadt bis zum Siege, bis zu dem Augenblick, da das Gute das Böse überwindet und Christus aufs neue, durch uns, sagen kann: „Ich habe die Welt überwunden".

Aber für einen Gott, der dich, wenn du willst, jeden Morgen heimsucht, ist eine Stadt zu wenig.

Er ist der, der die Sterne gemacht hat, der das Geschick der Jahrhunderte lenkt.

Mach dich eins mit ihm und blicke weiter: auf dein Vaterland, auf das Vaterland aller, die Welt.

Ihrer Eroberung diene jeder Atemzug, für sie sei jede Bewegung, für sie all dein Gehen und Stehen.

Wenn du drüben ankommst, wirst du sehen, was zählt, und wirst einen Lohn finden, der deiner Liebe entspricht.

Sieh zu, daß du in jener Stunde nicht bereuen mußt, zu wenig geliebt zu haben.

INHALT

Bücher von Chiara Lubich – Anregungen und Hilfen zum christlichen Leben im Alltag:

LIEBE ALS IDEAL
Über das Wesen und die grundlegenden Merkmale christlicher Liebe
80 Seiten, 4. Aufl.

LEBEN AUS DEM WORT
Impulse für einen Lebensstil, der sich an den Worten der Heiligen Schrift orientiert
76 Seiten, 2. Aufl.

IN BROT UND WEIN
Das Geheimnis der Eucharistie, ihre Bedeutung und ihr Verständnis als Quelle christlicher Gemeinschaft
88 Seiten, 3. Aufl.

IM MENSCHEN CHRISTUS ERKENNEN
Das Menschenbild des Christentums in den Begegnungen des Alltags neu entdecken
112 Seiten, 2. Aufl.

MITTEN UNTER IHNEN
Jesus in der Mitte derer, die sich in seinem Namen vereinen: eine Gegenwart mit weitreichenden Folgen ...
88 Seiten, 3. Aufl.

EINHEIT ALS LEBENSSTIL
Die Grundzüge der Spiritualität der Einheit: eine ausführliche und übersichtliche Darlegung
88 Seiten, 2. Aufl.

IM DIENST AN ALLEN
Über die Gegenwart Jesu in den Verantwortlichen der Kirche, über Amt und Kollegialität
128 Seiten

DER WILLE GOTTES
Betrachtungen über das Ja des Menschen zu seinem Schöpfer: ein Weg zum erfüllten Menschsein
96 Seiten

WORTE, DIE DAS LEBEN VERÄNDERN
Gedanken zu einzelnen Worten aus der Heiligen Schrift für den christlichen Alltag
Bd. 1 und 2, je 96 Seiten

VERLAG NEUE STADT MÜNCHEN · ZÜRICH · WIEN